Livre de recettes japonaises authentiques

Découvrez les saveurs du Japon avec 100 plats traditionnels

Johan Clavel

© COPYRIGHT 2024 TOUS DROITS RÉSERVÉS

Ce document a pour but de fournir des informations exactes et fiables sur le sujet et la problématique traités. La publication est vendue avec l'idée que l'éditeur n'est pas tenu de fournir des services comptables, officiellement autorisés ou autrement qualifiés. Si des conseils juridiques ou professionnels sont nécessaires, il convient de faire appel à une personne expérimentée dans la profession.

Il est en aucun cas légal de reproduire, dupliquer ou transmettre une partie de ce document, que ce soit par voie électronique ou sous forme imprimée. L'enregistrement de cette publication est strictement interdit et tout stockage de ce document n'est pas autorisé sans l'autorisation écrite de l'éditeur. Tous droits réservés.

Avertissement Avertissement, les informations contenues dans ce livre sont vraies et complètes au meilleur de nos connaissances. Toutes les recommandations sont faites sans garantie de la part de l'auteur ou de l'éditeur de l'histoire. L'auteur et l'éditeur déclinent toute responsabilité en relation avec l'utilisation de ces informations

Table des matières

INTRODUCTION..8
RECETTES JAPONAISES...9
   1. Tempura d'aubergine à la sauce aux cacahuètes................9
   2. Pommes de terre miso aux asperges vertes.....................13
   3. Dashi aux légumes croquants..16
   4. Nouilles soba aux champignons frits................................19
   5. Bouillon Dashi...21
   6. Tofu soyeux aux carottes colorées..................................23
   7. Anko (pâte de haricots rouges).......................................26
   8. Soupe de ramen au raifort...28
   9. Gingembre mariné..32
   10. Nouilles ramen aux légumes frits..................................34
   11. Bol de sushi aux asperges et saumon à la coriandre........36
   12. Nouilles aux chanterelles et nouilles de konjac...............39
   13. Soupe miso au tofu avec nouilles soba..........................41
   14. Gyozas..44
   15. Salade d'asperges au tataki de bœuf............................48
   16. Glace au matcha..52
   17. Matcha latte...55
   18. Pain ramen..57
   19. Ramen au poulet et à la citrouille..................................61
   20. Ramen aux champignons, tofu et kimchi......................64
   21. Ramen au porc et aux œufs..67

22. Radicchio Fittata au surimi.................................70
23. Saumon grillé à la sauce teriyaki........................72
24. Filets de poulet glacés......................................74
25. Nouilles soba au tofu au sésame........................77
26. Rouleaux de Californie aux crevettes.................80
27. Sushis cuits au four..83
28. Maki sushi au thon et concombre......................86
29. Truite au caviar de keta sur champignons enoki....89
30. Sole au citron et jaune d'oeuf...........................91

PLAT PRINCIPAL..93
31. Saumon alpin en marinade japonaise................93
32. Saumon alpin en marinade japonaise................96
33. Yaki Udon avec poitrine de poulet....................98
34. Poitrine de porc bouillie..................................100
35. Rouleaux de bœuf et d'oignons.......................102
36. Yaki-Tori (brochettes de poulet grillées)..........104
37. Tempura de légumes à la mousseline de wasabi....106
38. Sashimi..108
39. Maki au thon..110
40. Tempura de légumes......................................112
41. Crevettes tempura...115
42. Poêlée de riz au poulet et piment...................117
43. Gyoza..119
44. Variations de sushis et de makis.....................122

45. Poulet glacé aux graines de sésame..........126
46. Rôti de porc japonais..........129
47. Okonomyaki..........131
48. Maki..........132
49. Roulades de boeuf aux jeunes carottes..........135
50. Nouilles asiatiques au bœuf..........137
RECETTES DE LÉGUMES..........139
51. Petite assiette de sashimi..........139
52. Caviar Keta sur purée de daïkon..........141
53. Salade Koknozu aux pois chiches..........143
54. Tempura de légumes..........145
55. Maki aux légumes..........148
56. Onigiri au chou rouge et tofu fumé..........150
57. Yaki-Tori (brochettes de poulet grillées)..........152
58. Variations de sushis et de makis..........154
59. Maki au thon, avocat et shiitake..........158
60. Maki au saumon, concombre et avocat..........161
61. Maki aux crevettes, concombre et shiitake..........163
62. Chips de courgettes au parmesan..........165
63. Toiles d'araignées japonaises..........167
64. Maki sushi au thon et concombre..........169
65. Ura Makis Avocat..........172
66. Soupe aigre-douce..........174
67. Légumes au wok avec de la viande..........177

68. Thon aux pousses de piment..........................179

69. Tempura de saumon et légumes......................181

70. Salade de nouilles japonaises........................183

RECETTES DE SOUPES...186

71. Soupe miso aux champignons shiitake............186

72. Soupe miso végétalienne...............................188

73. Soupe de ramen au raifort.............................190

74. Soupe miso au tofu et nouilles soba...............194

75. Soupe japonaise..197

76. Soupe de nouilles aux champignons japonais....199

77. Salade de nouilles japonaises........................201

78. Soupe aigre-douce..204

79. Soupe de légumes japonaise.........................207

80. Soupe japonaise aux algues..........................209

RECETTES DE VIANDE...211

81. Rouleaux de boeuf et d'oignons....................211

82. Poulet glacé aux graines de sésame..............213

83. Rôti de porc japonais...................................216

84. Roulades de boeuf aux jeunes carottes.........218

85. Nouilles asiatiques au bœuf.........................220

86. Wok de légumes avec de la viande...............222

87. Poitrine de porc BBQ japonaise....................224

88. Côtes levées japonaises...............................226

89. Nouilles soba au poulet................................228

90. Pâtes au bœuf et légumes..................................230
VOLAILLE..233
91. Yaki Udon avec poitrine de poulet...........................233
92. Poêlée de riz au poulet et piment..........................235
93. Poulet pané au babeurre épicé...............................237
94. Cuisses de poulet aux tomates...............................239
95. Filet de poulet dans une sauce aromatique...................241
96. Nouilles soba au poulet..244
97. Nouilles soba..246
98. Magret de canard sauté.......................................248
99. Salade de poitrine de poulet et d'asperges vertes.........251
100. Yakitori..254
CONCLUSION..256

INTRODUCTION

La cuisine japonaise est l'une des plus anciennes au monde, avec une histoire culinaire riche et diversifiée. Les recettes japonaises varient selon les régions, mais on y trouve beaucoup de céréales, de produits à base de soja, de fruits de mer, d'œufs, de légumes, de fruits, de graines et de noix. En raison de l'abondance des fruits de mer et de l'influence du bouddhisme sur la société, le poulet, le bœuf, l'agneau et le porc sont utilisés avec parcimonie. La cuisine japonaise est également extrêmement nutritive, saine et riche en énergie. Que vous recherchiez des plats cuits à la vapeur, des plats mijotés, des plats grillés, des plats frits ou des plats vinaigrés, vous trouverez un large éventail d'options.

RECETTES JAPONAISES

1. Tempura d'aubergine à la sauce aux

cacahuètes

ingrédients

Sauce

- 2 piments rouges (petits)
- 10 cuillères à soupe d'huile d'arachide
- 6 cuillères à soupe de tahini
- 2 cuillères à soupe de sauce soja légère
- 2 cuillères à soupe de vinaigre de vin rouge

Aubergine et pâte à frire

- 8 aubergines (petites aubergines blanches-violettes fermes d'environ 80 g chacune)
- 400 grammes de farine
- 4 cuillères à soupe d'huile végétale
- 2 cuillères à soupe de levure chimique tartare
- 600 millilitres d'eau pétillante (glacée)
- Huile végétale (pour friture)

Déco

- 2 oignons nouveaux
- 2 cuillères à café de graines de sésame (blanches)

préparation

Pour la sauce

1. Nettoyez et lavez les piments, coupez-les en deux dans le sens de la longueur et retirez les graines. Coupez les piments en morceaux, râpez-les finement avec l'huile d'arachide dans un mortier. Mélangez l'huile

de piment, le tahini, la sauce soja et le vinaigre.

POUR *les aubergines et la pâte*

2. Nettoyez les aubergines, rincez-les, séchez-les et coupez-les en quatre dans le sens de la longueur. Mélangez la farine, l'huile, la levure chimique et l'eau minérale au fouet pour obtenir une pâte à tempura lisse.
3. Chauffer l'huile de friture dans une grande casserole à environ 160-180 degrés. Il est préférable de passer les morceaux d'aubergine dans la pâte à tempura à l'aide d'une pince ou d'une fourchette (à praliné) et de les verser délicatement dans l'huile chaude. Faire cuire les morceaux par portions à feu moyen pendant environ 4 minutes jusqu'à ce qu'ils soient dorés et croustillants. Retirer les morceaux de l'huile à l'aide d'une écumoire et les laisser égoutter brièvement sur du papier absorbant.

Pour la décoration

1. Nettoyez, lavez, coupez en deux et coupez les oignons nouveaux en très fines lamelles. Placez-les dans de l'eau froide jusqu'au moment de servir.
2. Dressez les tempuras d'aubergines avec un peu de sauce dans les assiettes, parsemez de quelques lanières d'oignons nouveaux et de graines de sésame. Servez aussitôt.

2. Pommes de terre miso aux asperges vertes

ingrédients

- 500 grammes de pommes de terre (triplets)
- 400 millilitres de dashi
- 100 grammes de shiitake sec
- 4 cuillères à soupe de miso (pâte légère)
- 500 grammes d'edamame surgelé
- 10 tiges d'asperges vertes
- 2 bottes de radis
- Sel
- 2 cuillères à soupe de vinaigre de riz
- sésame noir

préparation

1. Épluchez, lavez et coupez les pommes de terre en deux. Faites chauffer le dashi et les shiitake, laissez reposer 10 minutes. Retirez les shiitake du bouillon avec une écumoire, ne les utilisez plus. Ajoutez les pommes de terre au bouillon et laissez mijoter pendant environ 10 minutes. Ajoutez le miso, remuez et laissez cuire encore 10 minutes.
2. Pendant ce temps, épluchez les edamames. Lavez les asperges, épluchez le tiers inférieur et coupez les extrémités ligneuses. Coupez les tiges d'asperges en 4 morceaux égaux. Nettoyez les radis, retirez les jeunes feuilles, lavez les radis et coupez-les en deux ou en quartiers, selon leur taille. Rincez bien les feuilles de radis sous l'eau froide et réservez.
3. Mettez les légumes, sauf les radis, dans un cuiseur vapeur. Versez environ 1 cm d'eau dans une casserole adaptée et portez à ébullition. Placez délicatement le cuiseur vapeur dans la casserole et faites cuire les légumes à la vapeur, couvercle fermé,

pendant environ 6 minutes jusqu'à ce qu'ils soient al dente.
4. Retirez les légumes cuits à la vapeur de la marmite, placez-les dans un bol, mélangez-les avec les radis, le sel et le vinaigre de riz et assaisonnez à votre goût. Servez les pommes de terre au miso bouillies avec les légumes cuits à la vapeur et les feuilles de radis. Saupoudrez quelques graines de sésame noires sur le dessus et servez.

3. Dashi aux légumes croquants

ingrédients

Légumes

- 1 carotte
- 6 tiges de brocoli (brocoli sauvage, environ 150 g ; ou « Bimi », brocoli à longue tige)
- 2 tiges de céleri
- 100 grammes de pleurotes royaux (coupés en fines lanières ou en champignons de Paris)
- 1 oignon de printemps
- 100 grammes de pois mange-tout
- 20 grammes de gingembre

- 150 grammes de racines de lotus (disponibles en tranches surgelées dans la boutique Asia)

Bouillon

- 1 litre de dashi
- 100 millilitres de saké
- 50 millilitres de Mirin (vin de riz japonais doux)
- 2 cuillères à soupe de sauce soja légère
- 4 cuillères à soupe d'huile de gingembre
- 4 tiges de coriandre (pour saupoudrer)

préparation

Pour les légumes

1. Pelez la carotte et coupez-la en fines lanières. Lavez le brocoli, raccourcissez un peu les tiges. Nettoyez le céleri, retirez les fils, si nécessaire, lavez-le et coupez-le en fines tranches très diagonales. Si nécessaire, coupez les champignons de Paris du substrat.
2. Nettoyez et lavez les oignons nouveaux, coupez-les également en rondelles en diagonale. Nettoyez et lavez les pois mange-tout, coupez les très grosses gousses en

deux en biais. Pelez le gingembre et coupez-le en très fines lamelles.

Pour le bouillon

1. Portez le bouillon dashi à ébullition et assaisonnez avec du saké, du mirin, de la sauce soja et de l'huile de gingembre. Laissez mijoter les légumes préparés et les tranches de racine de lotus surgelées à feu doux pendant environ 8 minutes jusqu'à ce qu'ils soient croustillants.
2. Rincez et séchez la coriandre et arrachez les feuilles. Disposez le dashi et les légumes dans des bols, parsemez de feuilles de coriandre et servez.

4. Nouilles soba aux champignons frits

ingrédients

- 200 grammes de champignons shiitake (petits, frais)
- 1 piment rouge
- 1 cuillère à soupe de sauce soja légère
- 4 cuillères à café de sirop de riz
- 6 cuillères à soupe d'huile de sésame (grillée)
- 200 grammes de champignons roses
- 100 grammes de champignons enoki (une variété à longue tige ; dans les supermarchés bien approvisionnés ou au marché)
- 400 grammes de soba (nouilles japonaises au sarrasin)
- 1 litre de dashi

- 4 tiges de coriandre (ou basilic thaï)

préparation

1. Nettoyer les shiitakes et couper les extrémités sèches des tiges. Nettoyer le piment, le rincer et le couper en fines rondelles (travailler avec des gants de cuisine). Mélanger la sauce soja, le sirop de riz, le piment et l'huile de sésame puis mélanger avec les shiitakes. Laisser infuser environ 30 minutes.
2. Pendant ce temps, nettoyez les champignons et coupez-les en fines tranches. Coupez les champignons enoki de la tige. Préparez les nouilles soba selon les instructions figurant sur le paquet.
3. Mettez les champignons shiitake dans une poêle et faites-les revenir pendant environ 2 minutes. Faites chauffer le bouillon dashi.
4. Mettez les nouilles cuites, les shiitake frits, les champignons crus et les champignons enoki dans des bols et versez dessus le bouillon dashi chaud. Rincez la coriandre, secouez-la pour la sécher et placez-la sur les pâtes. Servez immédiatement.

5. Bouillon Dashi

ingrédients

- 4 bandes de feuilles d'algues (algues kombu, algues séchées ; chacune d'environ 2 x 10 cm de taille ; par exemple dans un marché bio ou un magasin asiatique)
- 6 shiitakes séchés (environ 15 g)

préparation

1. Mettez les algues kombu et les champignons shiitake dans une casserole avec 1 litre d'eau froide. Faites chauffer l'eau lentement jusqu'à environ 60 degrés (utilisez un thermomètre). Retirez la casserole du feu.

Laissez reposer le bouillon avec le couvercle pendant 30 minutes.
2. Filtrez le bouillon et utilisez-le pour d'autres recettes ou conservez-le hermétiquement fermé dans un bocal à vis au réfrigérateur. Le bouillon dashi se conserve 3 à 4 jours.

6. Tofu soyeux aux carottes colorées

ingrédients

- 1 cuillère à café de graines de sésame noires
- 2 oranges bio
- 4 cuillères à café de sauce soja légère
- 2 cuillères à café de jus de citron
- 2 cuillères à café d'huile de gingembre
- 5 cuillères à soupe de confiture d'orange
- 800 grammes de carottes bio (jaunes, rouges-violettes)
- sel
- à soupe d'huile de sésame (grillée)
- 800 grammes de tofu soyeux

- 4 tiges de basilic thaï

préparation

1. Faire revenir le sésame noir dans une poêle sans matière grasse, puis le retirer. Rincer les oranges à l'eau chaude, les sécher et râper finement la peau. Couper une orange en deux et presser pour en extraire le jus. Mélanger le zeste et le jus d'orange, la sauce soja, le jus de citron, l'huile de gingembre et la confiture d'orange et assaisonner selon votre goût.
2. Nettoyez et épluchez les carottes et coupez-les en bâtonnets fins et réguliers. Faites bouillir l'eau dans une casserole, faites-y cuire les bâtonnets de carottes pendant environ 2 minutes pour qu'ils soient encore croustillants, puis égouttez-les et versez-les brièvement dans de l'eau glacée. Égouttez les bâtonnets, salez légèrement et mélangez-les avec l'huile de sésame.
3. Couper le tofu en morceaux de 3 x 4 cm, les disposer et les arroser de sauce à l'orange. Disposer les bâtonnets de carottes à côté du tofu et saupoudrer de graines de sésame.

Rincer le basilic thaï, le sécher, effeuiller et répartir sur les carottes.

7. Anko (pâte de haricots rouges)

ingrédients

- 250 grammes de haricots adzuki
- 200 grammes de sucre
- eau

préparation

1. Couvrez les haricots adzuki dans un bol d'eau et laissez tremper toute la nuit.
2. Le lendemain, égouttez l'eau et mettez les haricots dans une casserole. Couvrez d'eau et portez à ébullition une fois.

3. Ensuite, égouttez l'eau et recouvrez les haricots d'eau fraîche et laissez cuire pendant environ 60 minutes jusqu'à ce qu'ils soient tendres. La décantation permet d'éviter que l'anko n'ait un goût amer plus tard.
4. Égouttez l'eau de cuisson et récupérez-en une partie. Incorporez le sucre aux haricots adzuki pour le dissoudre. Enfin, réduisez les légumineuses en purée pour obtenir une pâte. Si la consistance est trop épaisse, ajoutez un peu d'eau de cuisson.

8. Soupe de ramen au raifort

ingrédients

- ½ tiges d'Allium (poireau)
- 1 oignon
- 2 gousses d'ail
- 80 grammes de gingembre (frais)
- 2 cuillères à soupe d'huile
- 1 jarret de porc
- 1 kilogramme d'ailes de poulet
- sel
- 2 pièces (algues kombu; algues séchées; boutique Asie)
- 30 grammes de shiitake séché
- 1 botte d'oignons nouveaux

- 2 cuillères à soupe de graines de sésame (légères)
- 1 feuille de nori
- 6 oeufs
- 300 grammes de nouilles ramen
- 50 grammes de miso (léger)
- 2 cuillères à soupe de mirin (vin blanc japonais)
- 65 grammes de raifort
- Huile de sésame (grillée)

préparation

1. Nettoyez et lavez le poireau et coupez-le en gros morceaux. Pelez l'oignon et l'ail, coupez l'oignon en quatre. Lavez 60 g de gingembre et coupez-le en rondelles. Faites chauffer l'huile dans une poêle. Faites-y revenir le poireau, l'oignon, l'ail et le gingembre à feu vif jusqu'à ce qu'ils soient légèrement dorés.
2. Mettez les légumes sautés avec le jarret de porc et les ailes de poulet rincés dans une grande casserole et remplissez-la de 3,5 litres d'eau. Portez lentement le tout à ébullition et laissez mijoter à feu doux sans couvercle pendant environ 3 heures. Écumez

l'écume qui monte. Au bout de 2 heures, assaisonnez le bouillon de sel.
3. Versez le bouillon dans une autre casserole (environ 2,5 à 3 litres) à travers une passoire fine. Dégraissez éventuellement un peu le bouillon. Essuyez les algues kombu avec un chiffon humide. Ajoutez les champignons shiitake et les algues kombu au bouillon chaud et laissez infuser pendant 30 minutes.
4. Retirez la couenne, le gras et l'os du jarret de porc et coupez-le en morceaux de la taille d'une bouchée. N'utilisez pas les ailes de poulet pour la soupe (voir conseil).
5. Peler le reste du gingembre et le couper en fines lamelles. Nettoyer et laver les oignons nouveaux, les couper en fines rondelles et les placer dans de l'eau froide. Faire griller les graines de sésame dans une poêle sèche jusqu'à ce qu'elles soient légèrement dorées. Couper l'algue nori en quatre, la griller brièvement dans une poêle sèche et la couper en très fines lamelles. Équeuter les œufs, les faire cuire dans de l'eau bouillante pendant 6 minutes, les rincer à l'eau froide, les éplucher soigneusement. Faire cuire les

pâtes dans de l'eau bouillante pendant 3 minutes, les verser dans une passoire, les rincer brièvement à l'eau froide, puis les égoutter.

6. Retirer les champignons et les algues mixtes du bouillon. Retirer les pieds des champignons, hacher finement les chapeaux des champignons, ne plus utiliser d'algues mixtes. Faire chauffer le bouillon (ne pas faire bouillir). Incorporer la pâte de miso et le mirin, ajouter les champignons shiitake hachés. Égoutter les oignons nouveaux dans une passoire. Peler le raifort.

7. Répartissez le bouillon dans des bols. Ajoutez le jarret de porc, les nouilles, les œufs coupés en deux, les graines de sésame, le gingembre, les oignons nouveaux et l'algue nori. Servez avec beaucoup de raifort fraîchement râpé et d'huile de sésame.

9. Gingembre mariné

ingrédients

- 200 grammes de gingembre
- 2 cuillères à café de sel
- 120 millilitres de vinaigre de riz
- 2 cuillères à café de sucre

préparation

1. Lavez et épluchez d'abord le tubercule de gingembre. Coupez-le ensuite en tranches très fines.
2. Mélangez les tranches de gingembre avec le sel dans un bol et laissez infuser pendant

environ une heure. Tamponnez ensuite le gingembre avec du papier absorbant.
3. Portez le vinaigre de riz et le sucre à ébullition à feu moyen pour que le sucre se dissolve. Ajoutez ensuite les tranches de gingembre et remuez bien.
4. Versez le gingembre et le bouillon chaud dans un verre stérile et fermez hermétiquement. Le gingembre mariné doit macérer pendant environ une semaine avant de pouvoir être utilisé.

10. Nouilles ramen aux légumes frits

ingrédients

- 200 grammes de carottes
- 200 grammes de chou-fleur
- 200 grammes de courgettes
- 2 cuillères à soupe d'huile d'olive
- sel
- 2 cuillères à soupe de graines de tournesol
- 10 bâtons de ciboulette
- 180 grammes de nouilles ramen (sans œuf)
- 1 verre (« Viva Aviv Dressing » pour légumes de Spice Nerds et BRIGITTE ; 165 ml)
- Poivre (éventuellement fraîchement moulu)

préparation

1. Préchauffer le four à 220 degrés, air circulant à 200 degrés, niveau de gaz 5.
2. Nettoyez et lavez les carottes, le chou-fleur et les courgettes et coupez-les en morceaux de 2 à 3 cm de long. Mélangez-les avec de l'huile d'olive et ½ cuillère à café de sel et disposez-les sur une plaque de cuisson recouverte de papier sulfurisé. Faites-les rôtir au four chaud pendant environ 18 à 20 minutes.
3. Faire griller les graines de tournesol dans une poêle sans matière grasse. Les retirer. Laver et sécher la ciboulette, la couper en rondelles. Faire cuire les pâtes selon les instructions du paquet. Réchauffer la vinaigrette aux légumes.
4. Égouttez les pâtes et disposez-les sur une assiette avec les légumes rôtis. Versez la vinaigrette dessus, parsemez de ciboulette et de graines de tournesol. Salez et poivrez si nécessaire.

11. Bol de sushi aux asperges et saumon à la

coriandre

ingrédients

- 200 grammes de riz basmati (ou riz parfumé)
- sel

sauce

- 2 cuillères à soupe (jus de yuzu, jus de citron japonais, voir les informations sur le produit, ou jus de citron)
- 3 cuillères à soupe de sauce soja
- 1 cuillère à café d'huile de sésame (grillée)
- 1 cuillère à soupe de sauce de poisson

- 3 cuillères à soupe de ketjap manis
- ½ bouquet de ciboulette
- 90 grammes de champignons shiitake (petits)
- 100 grammes de radis (petits)
- 500 grammes d'asperges vertes
- ½ cuillère à café de graines de coriandre
- 3 morceaux de filets de saumon (100 g chacun, prêts à cuire sans peau ni arêtes)
- Poivre (fraîchement moulu)
- 2 cuillères à soupe d'huile
- 6 (Fleurs de ciboulette)

préparation

1. Faites cuire le riz dans de l'eau légèrement salée selon les instructions figurant sur l'emballage ou dans un cuiseur à riz. Gardez le riz cuit au chaud.

Pour la sauce

2. Mélangez le jus de yuzu, la sauce soja, l'huile de sésame, la sauce de poisson et le ketjap manis.
3. Rincez et séchez la ciboulette, coupez-la en rondelles. Nettoyez les champignons, coupez les tiges juste assez courtes, coupez les plus gros champignons en deux. Nettoyez et

rincez les radis, coupez les plus gros en rondelles.
4. Rincez les asperges, épluchez le tiers inférieur, coupez les extrémités. Faites cuire brièvement les asperges dans de l'eau bouillante salée pendant 3 à 4 minutes. Égouttez, coupez les bâtonnets épais en deux dans le sens de la longueur.
5. Écrasez la coriandre dans un mortier. Assaisonnez les morceaux de saumon avec du sel, du poivre et de la coriandre. Faites chauffer 1 cuillère à soupe d'huile dans une poêle antiadhésive. Faites revenir le saumon à feu vif pendant 2 à 3 minutes de chaque côté. Dans les 2 dernières minutes, ajoutez 1 cuillère à soupe d'huile, ajoutez les champignons et faites revenir. Ajoutez 2 cuillères à soupe de sauce et mélangez brièvement le tout.
6. Disposer le riz, les asperges, les radis, les champignons et le saumon dans des bols. Parsemer de ciboulette et de quelques fleurs de ciboulette déchirées. Arroser du reste de sauce et servir.

12. Nouilles aux chanterelles et nouilles de konjac

ingrédients

- 250 grammes de girolles
- 300 grammes de radicchio
- 150 grammes de fenouil (bébé fenouil)
- 30 grammes de pignons de pin
- 1 échalote
- 3 thym
- 50 grammes de bacon
- Poivre (fraîchement moulu)
- 200 nouilles (nouilles konjak, voir informations sur le produit)
- 2 cuillères à soupe de sauce soja légère
- 1 cuillère à soupe de vinaigre de riz

- 100 grammes de burrata (ou mozzarella)

préparation

1. Nettoyez les girolles. Nettoyez la chicorée, lavez les feuilles, essorez-les et coupez-les en lanières. Nettoyez et lavez le fenouil, coupez-le en tranches très fines ou en rondelles et salez. Réservez les feuilles de fenouil.
2. Faire griller les pignons de pin dans une poêle sans matière grasse jusqu'à ce qu'ils soient dorés. Émincer les échalotes et les émincer finement. Laver le thym, l'essuyer et détacher les feuilles des tiges.
3. Faites revenir lentement le bacon dans une poêle sans matière grasse à feu moyen. Retirez les tranches de bacon de la poêle, égouttez-les sur du papier absorbant et réservez-les au chaud.
4. Faire revenir les dés d'échalotes dans la graisse chaude des lardons, ajouter les girolles et le thym et faire revenir à feu vif. Saler et poivrer.
5. Mettez les pâtes dans une passoire, rincez-les soigneusement à l'eau froide et préparez-les selon les instructions figurant

sur l'emballage. Mélangez les pâtes égouttées et les lanières de radicchio avec la sauce soja et le vinaigre, incorporez-les aux champignons et servez avec la burrata et les tranches de bacon. Parsemez de pignons de pin, de poivre fraîchement moulu et de feuilles de fenouil et servez immédiatement.

13. Soupe miso au tofu avec nouilles soba

ingrédients

- Soba (nouilles soba : spaghettis à base de sarrasin et de blé)
- 2 cuillères à café d'huile de sésame (grillée)

- 1 cuillère à soupe de graines de sésame
- 4 oignons nouveaux
- 2 mini concombres
- 100 grammes de feuilles d'épinards
- 200 grammes de tofu
- 1¼ litre de bouillon de légumes
- 1 morceau de gingembre (environ 20 g)
- 2 cuillères à café (algues wakame instantanées)
- 2½ cuillères à soupe de Shiro miso (pâte du marché bio ou asiatique)
- Feuilles de coriandre (pour la garniture)

préparation

1. Faites cuire les nouilles soba selon les instructions figurant sur le paquet. Versez-les dans une passoire, égouttez-les bien et mélangez-les avec l'huile de sésame. Faites griller les graines de sésame dans une poêle antiadhésive jusqu'à ce qu'elles soient dorées. Retirez-les du feu et laissez-les refroidir.
2. Nettoyez et lavez les oignons nouveaux, coupez les parties blanches et vert clair en fines rondelles. Lavez les concombres et coupez-les en bâtonnets d'environ 3 cm de

long. Triez les épinards, lavez-les et secouez-les pour les sécher, en retirant les tiges grossières. Séchez le tofu et coupez-le en cubes de 2 cm.

3. Portez le bouillon à ébullition dans une casserole. Pelez le gingembre et coupez-le en rondelles, ajoutez-le au bouillon avec les algues et laissez mijoter pendant environ 2 minutes. Mélangez la pâte de miso avec 5 cuillères à soupe d'eau jusqu'à obtenir une consistance lisse, ajoutez-la au bouillon et laissez bouillir encore 5 minutes. Ajoutez ensuite le tofu, les oignons nouveaux et le concombre à la soupe et portez à ébullition.

4. Pour servir, lavez la coriandre et séchez-la. Répartissez les nouilles soba et les épinards dans des bols ou des tasses et versez le bouillon bouillant dessus. Répartissez les graines de sésame grillées et les feuilles de coriandre sur le dessus. Servez immédiatement.

14. Gyozas

ingrédients

Remplissage

- 200 grammes de porc haché (de préférence bio)
- 10 grammes de shiitake séché
- 10 grammes de champignons séchés (champignons Mu-Err)
- 50 grammes de carottes
- ½ oignon rouge
- 1 gousse d'ail
- 7 cuillères à soupe d'huile

- 1 cuillère à soupe de sauce de poisson (magasin asiatique ou supermarché)
- sel
- Poivre (fraîchement moulu)

Sauce

- 30 millilitres de vinaigre de riz (noir)
- 50 millilitres de sauce soja
- 24 (feuilles de pâte à gyoza surgelées, environ 120 g ;)

préparation

Pour le remplissage

1. Sortez la viande hachée du réfrigérateur environ 30 minutes avant la cuisson. Faites tremper les deux types de champignons dans de l'eau tiède pendant environ 30 minutes.

pour la sauce

2. Mélangez le vinaigre de riz noir et la sauce soja et réservez.
3. Nettoyez, épluchez et râpez finement les carottes. Égouttez les champignons trempés, pressez-les bien et coupez les

pieds. Hachez finement les chapeaux. Pelez l'oignon et l'ail et hachez-les finement.
4. Faites chauffer 3 cuillères à soupe d'huile dans une poêle antiadhésive, faites revenir les champignons, les oignons et l'ail pendant 5 minutes. Laissez ensuite refroidir. Pétrissez la viande hachée avec le mélange de champignons et les carottes râpées et assaisonnez avec la sauce de poisson, un peu de sel et de poivre.
5. Décongelez les feuilles de gyoza. Prenez seulement 1 feuille de pâte feuilletée de la pile et placez environ 11/2 cuillère à café de garniture au milieu. Badigeonnez le bord de la pâte tout autour avec un peu d'eau froide, repliez la moitié inférieure de la pâte sur la garniture et pressez-la en forme de vague sur un côté. Faites de même avec le reste de la garniture et des feuilles de pâte, n'utilisez qu'une seule feuille à la fois pour que la pâte fine ne se dessèche pas, préparez un total de 24 Gyozas.
6. Chauffez 2 à 3 cuillères à soupe d'huile dans une grande poêle antiadhésive. Faites frire environ 12 raviolis, la couture ondulée vers le haut, pendant 2 minutes à feu vif

jusqu'à ce qu'ils soient croustillants. Faites ensuite cuire, à couvert, à feu doux ou moyen pendant environ 4 à 5 minutes.

7. Retirez délicatement les raviolis cuits du fond de la poêle et gardez-les au chaud. Faites de même avec les gyozas restants. Servez les gyozas avec la sauce.

15. Salade d'asperges au tataki de bœuf

ingrédients

Tataki

- 400 grammes de filets de bœuf (de préférence bio)
- 1 cuillère à café d'huile de sésame (grillée)
- 3 cuillères à soupe de sauce soja
- 30 grammes de beurre clarifié

Pansement

- 2 échalotes
- 200 millilitres de bouillon de légumes
- 5 cuillères à soupe de jus de citron vert
- 5 cuillères à soupe d'huile (par exemple de l'huile d'arachide)
- 2 cuillères à café d'huile de sésame (grillée)

- 1 cuillère à café de wasabi
- Poivre (fraîchement moulu)
- 1 cuillère à café de sirop de gingembre

Salade

- 1 kilogramme de pointes d'asperges (tiges d'asperges colorées, alternativement vertes et blanches)
- 100 grammes de champignons shiitake
- 100 grammes de champignons bruns
- sel
- 20 grammes de beurre
- 1 cuillère à café de sucre
- 1 bouquet de roquette
- 1 cuillère à café de graines de sésame

préparation

Pour le Tataki

1. Séchez la viande avec du papier absorbant. Mélangez l'huile de sésame et la sauce soja et badigeonnez-en la viande. Enveloppez-la dans un film alimentaire et laissez-la reposer au réfrigérateur pendant environ 2 heures.
2. Sortez la viande du papier aluminium et laissez-la reposer à température ambiante

pendant 30 minutes. Faites chauffer le beurre clarifié dans une poêle et saisissez la viande de tous les côtés. Retirez-la ensuite de la poêle, enveloppez-la dans du papier aluminium et laissez-la refroidir complètement. Coupez ensuite la viande en tranches très fines et disposez-la sur la salade pour servir.

Pour la vinaigrette

1. Peler et émincer les échalotes. Porter le bouillon à ébullition et y faire cuire les cubes d'échalotes pendant environ 1 minute. Incorporer le jus de citron vert, l'huile d'arachide et de sésame, le wasabi, le poivre et le sirop de gingembre. Assaisonner la vinaigrette à votre goût et réserver.

Pour la salade

2. Rincez les pointes d'asperges et coupez-les en petits morceaux. Pelez les tiges d'asperges entières et coupez-les en morceaux de 2 à 3 cm de long. Retirez les tiges des champignons shiitake et coupez les chapeaux en rondelles. Nettoyez les

champignons et coupez-les en quartiers ou en huit, selon leur taille.

3. Portez à ébullition une grande quantité d'eau, un peu de sel, du beurre et du sucre. Faites cuire les asperges pendant 4 à 6 minutes. Ajoutez les champignons shiitake et faites cuire encore une minute. Incorporez 2 à 3 cuillères à soupe d'eau de cuisson des asperges à la vinaigrette. Égouttez les asperges et les champignons shiitake, égouttez-les brièvement et mélangez-les soigneusement avec la vinaigrette chaude. Laissez infuser pendant environ 1 heure.

4. Triez la roquette, rincez-la, séchez-la et incorporez-la aux asperges avec les champignons. Assaisonnez à nouveau la salade avec du sel et du poivre. Disposez les tranches de viande sur la salade.

5. Faites griller les graines de sésame dans une poêle jusqu'à ce qu'elles soient dorées, retirez-les. Saupoudrez un peu de poivre sur la salade et servez.

16. Glace au matcha

ingrédients

- 2 cuillères à soupe de matcha (poudre de thé matcha)
- 140 grammes de sucre
- 4ème Jaunes d'oeufs bio
- 200 millilitres de lait
- 200 grammes de crème fouettée
- 200 grammes de myrtilles
- Matcha (poudre de thé Matcha pour saupoudrer)

préparation

1. Mélangez la poudre de matcha et 2 cuillères à soupe de sucre. Battez les jaunes d'œufs et le reste du sucre au batteur à main pendant au moins 5 minutes jusqu'à obtenir une consistance légère et crémeuse.
2. Chauffez doucement le lait dans une casserole (jusqu'à environ 80 degrés), puis ajoutez quelques cuillères de lait au mélange de poudre de thé sans appliquer de chaleur supplémentaire et remuez bien pour qu'aucun grumeau ne soit visible. Ajoutez ensuite la pâte de thé au reste du lait chaud et remuez bien.
3. Ajoutez la crème de jaune d'œuf au mélange de lait matcha, remuez bien et laissez refroidir. Fouettez la crème jusqu'à ce qu'elle soit ferme et incorporez-la.
4. Versez le mélange dans la sorbetière en marche et laissez-le congeler pendant 30 minutes jusqu'à ce qu'il soit crémeux.
5. Sans machine à glaçons, versez la crème dans un moule en métal et placez au congélateur.

6. Après 30 minutes, remuez brièvement le mélange, congelez à nouveau et remuez bien à nouveau après 1 heure. Remettez ensuite au congélateur pendant au moins 2 heures.
7. Triez les myrtilles, rincez-les et égouttez-les bien sur du papier absorbant. Formez des boules de glace à l'aide d'une cuillère à glace et servez avec les myrtilles.
8. Servir saupoudré d'un peu de thé en poudre.

17. Matcha latte

ingrédients

- 1 cuillère à café de matcha (poudre de thé matcha)
- 400 millilitres de lait (alternativement du lait de soja ou d'amande)
- Matcha (poudre de thé Matcha pour saupoudrer)

préparation

1. Versez la poudre de matcha dans un bol avec 100 ml d'eau chaude et battez jusqu'à obtenir une consistance mousseuse avec un fouet en bambou pour thé matcha (ou utilisez un petit fouet).
2. Répartissez le thé dans les 2 verres.
3. Chauffer le lait (ne pas le faire bouillir) et le fouetter avec un mousseur à lait jusqu'à ce qu'il soit crémeux.
4. Versez lentement le lait dans le thé. Saupoudrez d'un peu de poudre de matcha et servez le matcha latte immédiatement.

18. Pain ramen

ingrédients

- 500 grammes d'ailes de poulet (de préférence bio)
- 800 grammes de poitrine de porc (fraîche, de préférence bio)
- 80 grammes de gingembre
- 4 gousses d'ail
- 1 tige de poireaux
- 500 grammes de carottes
- 100 millilitres de sauce soja
- 100 millilitres de mirin (vin de riz pour la cuisine)

- sel
- 25 grammes de beurre (froid)

Kombu Dashi (Algue Champignon Doux)

- 1 morceau d'algue (algue kombu, algue séchée, environ 8 g)
- 4 shiitakes séchés (25 g)

préparation

1. Préchauffer le four à 220 degrés, chaleur tournante 200 degrés, thermostat 5.
2. Rincez les ailes de poulet, séchez-les et étalez-les sur une plaque de cuisson. Faites-les rôtir sur la grille supérieure du four pendant environ 30 minutes jusqu'à ce qu'elles soient dorées. Placez la poitrine de porc dans une passoire et placez-la dans un grand bol ou dans l'évier. Versez de l'eau bouillante sur la viande (pour éviter que le bouillon ne devienne trouble ultérieurement).
3. Pelez le gingembre et coupez-le en rondelles. Pressez l'ail sur le plan de travail et épluchez-le. Nettoyez le poireau, rincez-le et coupez-le en petits dés. Pelez les carottes et coupez-les également en dés.

4. Mettez les légumes préparés, les ailes de poulet rôties et la poitrine de porc dans une grande casserole ou un plat à rôtir. Versez 3 à 3,5 litres d'eau froide (assez pour bien recouvrir le tout), la sauce soja et le mirin et assaisonnez avec 1 cuillère à café de sel. Portez lentement à ébullition à feu moyen, puis laissez mijoter très doucement pendant environ 3 heures sans couvercle. Écumez si de la mousse se forme.

Pour le Kombu Dashi

1. Coupez les algues kombu en deux et faites-les tremper dans de l'eau chaude pendant environ 10 minutes. Faites tremper brièvement les shiitake dans de l'eau tiède.
2. Sortez le kombu et le shiitake de l'eau. Faites mijoter le tout dans une petite casserole avec 250 ml d'eau à feu moyen-doux pendant environ 20 minutes. Ne faites pas bouillir trop fort, sinon le goût pourrait devenir aigre.
3. Filtrez le bouillon d'algues à travers un tamis fin et réservez (pour environ 140 ml).

Ne continuez pas à utiliser le shiitake et le kombu.
4. Retirer la poitrine de porc du bouillon de viande, l'utiliser éventuellement pour des « ramen à la poitrine de porc et aux œufs ». Retirer également les ailes (voir conseils). Verser le bouillon dans une passoire recouverte d'une étamine.
5. Réchauffez à nouveau le bouillon, ajoutez le beurre et remuez vigoureusement avec un fouet. Versez ensuite le dashi au kombu, assaisonnez à votre goût et continuez à l'utiliser.

19. Ramen au poulet et à la citrouille

ingrédients

- 400 grammes de filets de poitrine de poulet (de préférence bio)
- cuillère à soupe de sauce soja (sauce soja sésame)
- cuillère à soupe de sauce chili
- 3 cuillères à soupe de graines de sésame
- ½ cuillère à café de sel
- 40 grammes de gingembre
- 250 grammes de Hokkaido
- ½ bouquet de coriandre
- 1 ⅓ litre de bouillon (bouillon de ramen)

- 250 grammes de soba (à base de nouilles ramen de sarrasin ou de blé)
- 3 cuillères à soupe de miso (pâte légère, 75 g)

préparation

1. Rincez les filets de poulet, séchez-les et badigeonnez-les de 2 cuillères à soupe de sauce. Couvrez et laissez refroidir à température ambiante pendant au moins 2 heures, de préférence toute la nuit.
2. Faites griller le sésame et le sel dans une poêle jusqu'à ce qu'ils soient dorés, retirez-les.
3. Pelez le gingembre et coupez-le en très fines lamelles. Lavez et nettoyez soigneusement le potiron et coupez-le en tranches d'environ 1/2 cm d'épaisseur. Si nécessaire, coupez-le en deux. Lavez la coriandre, séchez-la et arrachez les feuilles des tiges.
4. Portez le bouillon à ébullition et laissez mijoter les filets de poulet à feu doux pendant 15 à 20 minutes. Retirez la viande du bouillon, couvrez et laissez reposer brièvement.

5. Mettez les quartiers de potiron et le gingembre dans le bouillon chaud, couvrez et laissez cuire pendant environ 7 minutes. Retirez le potiron et le gingembre à l'aide d'une écumoire et gardez au chaud.
6. Faire cuire les pâtes dans de l'eau selon les instructions figurant sur l'emballage, les égoutter. Ajouter le miso au bouillon chaud et mixer brièvement avec le mixeur plongeant. Couper les filets de poulet en fines tranches.
7. Dans 4 bols à soupe préchauffés, verser 1 à 2 cuillères à soupe de chacune des deux sauces d'assaisonnement. Répartir les pâtes, le poulet, la citrouille et le gingembre dans les bols et verser dessus le bouillon de miso chaud. Parsemer de sel de sésame et de feuilles de coriandre et servir. Si vous le souhaitez, vous pouvez assaisonner la soupe avec les deux sauces.

20. Ramen aux champignons, tofu et kimchi

ingrédients

- 300 grammes de tofu (mou)
- 6 cuillères à soupe de sauce soja (sauce soja-sésame)
- 6 cuillères à soupe de sauce chili
- 1 bouquet de ciboulette
- 1 ⅓ litres de bouillon (bouillon de ramen)
- 100 grammes de champignons bruns (ou champignons shiitake)
- 250 grammes de nouilles ramen (ou nouilles udon épaisses, à base de blé)

- 100 grammes de légumes (kimchi, légumes marinés coréens)
- 1 cuillère à soupe de graines de sésame noires

préparation

1. Coupez le tofu en cubes de 2 cm, mélangez-le avec 2 cuillères à soupe de chaque sauce et laissez reposer au moins 10 minutes. Rincez la ciboulette, séchez-la et coupez-la en morceaux de 3 à 4 cm de long.
2. Portez le bouillon à ébullition. Nettoyez les champignons, coupez les petits spécimens en travers du chapeau du champignon, coupez les plus gros en deux ou en quatre. Ajoutez les champignons au bouillon et laissez mijoter à feu moyen pendant environ 10 minutes. Ajoutez le tofu au bouillon et faites-le chauffer. Faites cuire les pâtes selon les instructions figurant sur le paquet et égouttez-les.
3. Égouttez le kimchi, coupez-le en petits morceaux et répartissez-le dans 4 bols à soupe préchauffés. Arrosez-les d'une cuillère à soupe de sauce épicée et répartissez les nouilles dans les bols.

4. Répartissez également les champignons, le tofu et le bouillon dans les bols. Servez parsemé de ciboulette et de graines de sésame. Si vous le souhaitez, vous pouvez assaisonner la soupe avec les deux sauces.

21. Ramen au porc et aux œufs

ingrédients

- 4 œufs bio
- 9 cuillères à soupe de sauce soja (sauce soja sésame)
- 200 grammes de radis (blancs)
- 1 cuillère à café de beurre
- 3 cuillères à soupe de chapelure (fraîche ou panko, chapelure japonaise)
- 1 pincée de sel
- 3 oignons nouveaux
- 800 grammes de poitrine de porc (froide, cuite)

- cuillère à soupe de sauce chili
- 250 grammes de nouilles ramen
- 1 ⅓ litre de bouillon (bouillon de ramen)
- 1 cuillère à café de piments (Togarashi, mélange de piments japonais ou un demi-mélange de flocons de piment et de sésame noir)

préparation

1. Préchauffer le four à 200 degrés, circulation d'air à 180 degrés, niveau de gaz 4.
2. Percez les œufs et faites-les cuire dans l'eau pendant environ 7 minutes jusqu'à ce qu'ils soient cireux. Égouttez-les, rincez-les à l'eau froide et épluchez-les. Versez 3 à 4 cuillères à soupe de sauce soja-sésame sur les œufs et laissez infuser pendant au moins 30 minutes.
3. Epluchez et râpez grossièrement les radis. Faites chauffer le beurre dans une poêle, faites griller la chapelure et salez-la jusqu'à ce qu'elle soit bien dorée. Nettoyez et lavez les oignons nouveaux, coupez-les en fines rondelles.

4. Retirez la couenne et éventuellement un peu de gras de la poitrine de porc. Coupez la poitrine en tranches d'1 cm d'épaisseur, placez-la dans un plat à four, arrosez-la de 2 à 3 cuillères à soupe de soja, de graines de sésame et de 2 cuillères à soupe de sauce chili. Placez au four chaud pendant environ 10 minutes.
5. Faites cuire les nouilles ramen selon les instructions sur l'emballage et égouttez-les. Portez le bouillon de ramen à ébullition. Coupez les œufs en deux.
6. Mettez 1 cuillère à soupe de graines de sésame et de sauce chili dans 4 bols à soupe préchauffés. Répartissez les pâtes dans les bols et remplissez-les de bouillon chaud. Répartissez dessus la poitrine de porc, les moitiés d'œufs, les radis et les oignons nouveaux. Saupoudrez de chapelure et éventuellement de togarashi et servez immédiatement.

22. Radicchio Fittata au surimi

ingrédients

- 1 oignon rouge (60 g, finement coupé en dés)
- 1 gousse d'ail (hachée)
- 2 cuillères à café d'huile d'olive
- 80 grammes de radicchio (en fines tranches)
- 2 œufs bio (taille M)
- 50 grammes de fromage cottage faible en gras
- 1 cuillère à soupe de parmesan (râpé)
- sel
- Poivre (fraîchement moulu)
- 20 grammes de câpres (fines)

- 60 grammes de tomates cerises (coupées en deux)
- 3 morceaux de surimi (bâtonnets, 50 g)
- Feuilles d'herbes (éventuellement quelques vertes)

préparation

1. Préchauffer le four à 180 degrés, circulation d'air 160 degrés, niveau de gaz 3.
2. Faites revenir l'oignon et l'ail dans une poêle antiadhésive avec de l'huile d'olive. Ajoutez le radicchio et faites cuire pendant 2 à 3 minutes.
3. Mélanger les œufs, le fromage blanc, le parmesan, le sel et le poivre. Verser le mélange d'œufs sur les légumes et bien mélanger dans la poêle. Parsemer de câpres et laisser lever l'œuf à feu doux pendant environ 2 à 3 minutes. Faire cuire la frittata au four sur la grille du milieu pendant 15 à 20 minutes. Si nécessaire, envelopper la poignée de la poêle dans du papier aluminium.
4. Retirez la frittata et servez avec des tomates, du surimi et éventuellement quelques feuilles d'herbes.

23. Saumon grillé à la sauce teriyaki

ingrédients

- 4 morceaux de steaks de saumon (environ 250 g chacun)
- 2 cuillères à café de sucre
- 2 cuillères à soupe de saké (ou de vin blanc ou de xérès doux)
- 2 cuillères à soupe de vin de riz (mirin)
- 4 cuillères à soupe de sauce soja (japonaise)
- 1 paquet de cresson
- 1 morceau de radis (environ 15 cm, blanc, râpé)
- Huile pour friture)

préparation

1. Tamponnez les steaks de saumon et retirez la peau et les arêtes.
2. Pour la sauce teriyaki, mélangez le sucre, le saké, le vin de riz et la sauce soja jusqu'à ce que le sucre soit dissous (chauffez légèrement si nécessaire).
3. Placer le saumon dans la sauce pendant environ 10 minutes en le retournant fréquemment.
4. Préparation au gril : Égouttez le poisson et faites-le griller sur une grille pendant environ 3 minutes de chaque côté. Arrosez le poisson du reste de la marinade.
5. Préparation à la poêle : Chauffer l'huile et faire revenir le poisson environ 3 minutes de chaque côté. Égoutter l'excédent d'huile, faire chauffer le reste de la marinade dans la poêle et faire tremper le saumon dans la sauce pendant quelques minutes.
6. Disposer le saumon avec le reste de la marinade sur quatre assiettes. Garnir avec le cresson nettoyé et le radis râpé.

24. Filets de poulet glacés

ingrédients

- 2 filets de poulet (environ 400 g ; idéalement bio)
- 1 morceau de gingembre (frais, 2 cm)
- 1 gousse d'ail
- 150 millilitres de vin de riz (doux, mirin ; alternativement sherry)
- 150 millilitres de sauce soja (japonaise)
- 3 cuillères à soupe de sucre brun
- sel
- 3 cuillères à soupe d'huile de sésame
- 1½ cuillère à soupe d'arachides (non salées)

préparation

1. Rincez les filets de poulet et séchez-les. Pelez et râpez le gingembre ou pressez-le à l'aide d'un presse-ail. Pelez et écrasez la gousse d'ail. Mélangez le gingembre et l'ail avec le vin de riz, la sauce soja, le sucre, une pincée de sel et 1 cuillère à café d'huile de sésame.
2. Mettez la viande dans un petit bol et recouvrez-la de marinade. Couvrez et laissez reposer au réfrigérateur pendant au moins 3 heures, de préférence toute la nuit. Retournez la viande une fois si nécessaire.
3. Retirez les blancs de poulet de la marinade et égouttez-les bien. Faites chauffer l'huile restante dans une petite poêle et faites revenir les filets pendant 2 à 3 minutes de chaque côté. Égouttez l'huile et ajoutez la marinade à la viande dans la poêle.
4. Laissez mijoter dans une casserole fermée à feu doux pendant environ 20 minutes. Retirez le couvercle et laissez mijoter la viande dans la casserole ouverte pendant encore 5 minutes jusqu'à ce que la sauce se réduise comme un sirop.

5. Coupez les filets en tranches et servez-les sur du riz et des légumes. Hachez grossièrement les cacahuètes et saupoudrez-les sur la viande. Arrosez-les d'un peu de sauce.

25. Nouilles soba au tofu au sésame

ingrédients

- 10 grammes de gingembre (frais)
- 4 cuillères à soupe de sauce soja (enfer)
- 300 grammes de tofu
- 2 daikon cress (environ 40 g ; voir conseil)
- 300 grammes de soba
- 1 boîte de haricots
- 3 cuillères à soupe de graines de sésame (l'enfer)
- 4 cuillères à soupe d'huile d'arachide
- 4 cuillères à soupe de sauce aux haricots (noire, voir astuce)
- Poivre (fraîchement moulu)

- 1 citron vert

préparation

1. Pelez le gingembre, coupez-le en petits dés et mélangez-le à la sauce soja. Égouttez le tofu, séchez-le et coupez-le en 6 tranches. Coupez les tranches en deux en diagonale et laissez-les mariner dans la sauce soja-gingembre pendant 10 minutes, en les retournant une fois. Détachez le cresson de daikon des lits avec des ciseaux, rincez-le et essorez-le.
2. Faire cuire les nouilles soba dans une grande quantité d'eau bouillante pendant environ 3 minutes, en remuant de temps en temps, jusqu'à ce qu'elles soient fermes sous la dent. Verser dans une passoire et récupérer 100 ml d'eau de cuisson des pâtes. Rincer les pâtes à l'eau froide et bien égoutter. Mettre les haricots noirs dans une passoire, rincer à l'eau froide et bien égoutter. Retirer les tranches de tofu de la marinade, égoutter et incorporer les graines de sésame. Réserver. Faire chauffer 2 cuillères à soupe d'huile

dans une grande poêle antiadhésive et faire revenir les tranches de tofu des deux côtés à feu moyen. Réserver le tofu et garder au chaud.

3. Chauffer le reste de l'huile dans un wok ou une grande poêle antiadhésive et faire revenir brièvement les haricots à feu moyen. Ajouter la sauce aux haricots et laisser mijoter pendant 1 minute. Ajouter les pâtes et cuire encore 1 à 2 minutes en remuant et en versant progressivement l'eau de cuisson des pâtes. Poivrer. Disposer les pâtes, le tofu et le cresson et servir avec des quartiers de citron vert.

26. Rouleaux de Californie aux crevettes

ingrédients

- 250 grammes de riz à sushi
- 5 cuillères à soupe de vinaigre de riz
- 1 cuillère à soupe de sucre
- 1 cuillère à café de sel
- 100 grammes de crevettes surgelées (précuites, décortiquées et déveinées)
- 1 avocat (mûr)
- 4 nori (feuilles d'algues séchées)
- 1 cuillère à café de wasabi (pâte de raifort japonaise)
- $2\frac{1}{2}$ cuillères à soupe de mayonnaise

- 7 cuillères à soupe de graines de sésame

préparation

1. Rincez le riz dans une passoire jusqu'à ce que l'eau soit claire. Portez le riz et 300 ml d'eau à ébullition, laissez cuire pendant 2 minutes, couvrez, plaque éteinte, laissez tremper pendant environ 15 minutes. Faites chauffer le vinaigre, le sucre et le sel en remuant pour dissoudre le sucre.
2. Mettez le riz cuit dans un bol en verre et versez dessus le mélange de vinaigre. Travaillez avec une spatule pendant environ 2 minutes (retournez-la encore et encore) pour que le mélange de vinaigre soit bien réparti et que le riz refroidisse un peu. Couvrez le riz et réservez.
3. Décongeler les crevettes, les rincer si nécessaire, les sécher et les couper en deux dans le sens de la longueur. Dénoyauter et peler l'avocat et couper la chair en bâtonnets d'environ 1 x 4 cm de long. Étaler une natte en bambou pour rouleaux de sushi sur le plan de travail et bien l'humidifier. Mouillez-vous les mains et étalez uniformément 1/4 du riz sur la natte

(environ 1/2 cm d'épaisseur). Déposer 1 feuille de nori dessus (côté rugueux sur le riz). Tartiner finement d'un peu de wasabi et de mayonnaise. Au milieu de la feuille, disposer une étroite « rue » avec des bâtonnets d'avocat et des crevettes.

4. Enroulez le riz avec la natte en le serrant bien d'un côté. Roulez chaque rouleau dans un peu moins de 2 cuillères à soupe de graines de sésame, enveloppez-les dans du film alimentaire et placez-les au réfrigérateur. Continuez ainsi jusqu'à ce que les 4 rouleaux soient terminés. Déballez les rouleaux de papier aluminium et coupez-les chacun en 6 morceaux avec un couteau bien aiguisé. Il est préférable de tremper le couteau dans de l'eau chaude au préalable pour que le riz n'y colle pas.

27. Sushis cuits au four

ingrédients

- 100 grammes de pâte à tempura (de la boutique Asia)
- 1 oeuf
- 50 millilitres de sauce soja
- 50 millilitres de Ketjap manis (sauce soja sucrée indonésienne)
- 1 cuillère à soupe de sucre
- 200 grammes de filets de saumon (très frais ; qualité sushi)
- 4 oignons nouveaux
- 3 Nori (algues séchées)

- 1 Recette de riz à sushi (voir astuce)
- 1 cuillère à soupe de wasabi (pâte de raifort vert)
- ½ litre d'huile (pour friture, neutre)

préparation

1. Mélangez la pâte à tempura avec l'œuf et 75 ml d'eau jusqu'à obtenir une consistance lisse et laissez gonfler. Portez à ébullition la sauce soja, le ketjap manis et le sucre et laissez réduire jusqu'à obtenir une consistance sirupeuse pendant environ 4 minutes. Réservez.
2. Rincez le saumon à l'eau froide, séchez-le et coupez-le en lanières d'environ 5 mm d'épaisseur. Nettoyez et rincez les oignons nouveaux et retirez-en le vert foncé. Coupez les oignons nouveaux en longues lanières. Coupez les feuilles de nori en deux.
3. Déposez un morceau de film alimentaire sur la natte en bambou et une feuille de nori à moitié par-dessus. Humidifiez les mains avec de l'eau. Étalez du riz à sushi sur la feuille d'algues sur environ 1 cm de hauteur. Laissez 1 cm libre en haut. N'appuyez pas trop fort sur le riz.

4. Étalez une bande de wasabi dans le sens de la longueur (attention, elle est très pointue !) sur le tiers inférieur. Placez le saumon et l'oignon de printemps dessus. À l'aide du tapis en bambou, enroulez la garniture avec la feuille de nori et enroulez le film alimentaire autour du rouleau. Appuyez sur le rouleau pour le maintenir en place avec le tapis. Façonnez le reste des ingrédients en 5 autres rouleaux comme décrit. Coupez les rouleaux en 4 morceaux égaux avec un couteau bien aiguisé trempé plusieurs fois dans de l'eau froide.
5. Chauffer l'huile dans une petite casserole haute (la température est correcte si de petites bulles se forment sur le manche d'une cuillère en bois trempée dans l'huile chaude). Tremper les morceaux de sushi en portions dans la pâte à tempura, égoutter brièvement et cuire immédiatement dans l'huile chaude pendant environ 2 minutes jusqu'à ce qu'ils soient dorés. Égoutter brièvement sur du papier absorbant. Servir les sushis frits avec la sauce cuite.

28. Maki sushi au thon et concombre

ingrédients

- 1 morceau de concombre (100 g)
- 100 grammes de thon (très frais)
- 3 Nori (algues séchées)
- 1 Recette riz à sushi (recette de base riz à sushi)
- 2 cuillères à soupe de wasabi (pâte de raifort vert)

préparation

1. Pelez le concombre et coupez-le en deux dans le sens de la longueur. Retirez les

graines à l'aide d'une cuillère et coupez le concombre en lanières dans le sens de la longueur. Coupez le thon en lanières d'environ 5 mm d'épaisseur. Coupez les feuilles de nori en deux.

Rouleau de sushi :

2. Pour cela, posez du film alimentaire sur une natte de bambou et une feuille de nori à moitié par-dessus. Humidifiez vos mains avec de l'eau. Étalez du riz à sushi sur la feuille de nori sur environ 1 cm de hauteur, en laissant 1 cm libre en haut. N'appuyez pas trop fort sur le riz. Posez une fine bande de wasabi sur le tiers inférieur de la feuille (attention, c'est très chaud !). Posez dessus du concombre ou du thon.

3. À l'aide du tapis en bambou, enroulez soigneusement la garniture avec la feuille de nori, en enroulant le film alimentaire autour du rouleau. Appuyez le rouleau en place avec le tapis. Appuyez légèrement le rouleau à plat sur un côté long avec vos mains, cela donnera aux rouleaux leur forme de larme plus tard.)

4. Préparez 5 autres rouleaux comme décrit. Coupez les rouleaux en 8 morceaux égaux à l'aide d'un couteau bien aiguisé trempé plusieurs fois dans de l'eau froide.

29. Truite au caviar de keta sur champignons

enoki

ingrédients

- 200 grammes de filets de truite (très frais, sans peau)
- 100 grammes de champignons enoki (boutique asiatique, ou champignons en tranches très fines ou lanières de radis)
- 100 grammes de keta
- 1 cuillère à soupe de wasabi (pâte de raifort verte épicée)
- sauce de soja

préparation

1. Rincez les filets de truite, séchez-les et coupez-les en tranches. Coupez les champignons en bottes à partir des racines et disposez-les sur un plat. Posez le poisson sur les champignons et étalez dessus le caviar de truite. Mettez une pincée de wasabi sur chaque morceau de truite. Servez le poisson bien frais avec de la sauce soja.

30. Sole au citron et jaune d'oeuf

ingrédients

- ½ citrons bio
- 150 grammes de filets de sole (très frais)
- 1 cresson de betterave (ou cresson de jardin)

préparation

1. Faire cuire l'œuf dur pendant 10 minutes, le rincer à l'eau froide et retirer la coquille. Retirer délicatement les jaunes d'œufs et les passer au tamis (sinon utiliser du blanc d'œuf).

2. Rincez le citron à l'eau chaude, coupez-le en deux et coupez-le en tranches très fines. Disposez les quartiers de citron sur une assiette. Rincez le poisson à l'eau froide, séchez-le et coupez-le en fines tranches. Disposez les tranches sur le citron. Coupez le cresson du lit. Mettez les jaunes d'œufs et le cresson sur le poisson.

PLAT PRINCIPAL

31. Saumon alpin en marinade japonaise

ingrédients

- 1 pièce de filet de saumon des Alpes (600-800 g)
- 2 échalotes
- 15 g de gingembre
- 15 g d'ail
- 1 gousse(s) de piment
- 15 morceaux de grains de coriandre
- 1 bâton(s) de citronnelle

- 1 citron vert (seulement la peau finement pelée)
- 1 pièce. Feuille de citron vert
- 75 grammes de sucre
- 200 ml de sauce soja
- 15 g de feuilles de coriandre (fraîches)

préparation

1. Pour le saumon alpin en marinade japonaise, hachez finement les échalotes avec le gingembre, l'ail et le piment et faites-les revenir avec les graines de coriandre dans un peu d'huile d'arachide sans que les oignons ne colorent. Ajoutez le sucre et laissez caraméliser. Déglacez avec la sauce soja.
2. Ajoutez la citronnelle avec le zeste de citron vert et la feuille de citron vert et laissez réduire jusqu'à ce que le mélange soit légèrement épais. Laissez refroidir et ajoutez les feuilles de coriandre fraîchement hachées.
3. Lavez le filet et coupez la peau en deux avec un couteau bien aiguisé. Coupez ensuite le filet en tranches d'environ 3 mm

d'épaisseur. Disposez-les sur une plaque de cuisson et versez dessus la marinade.
4. Le saumon alpin en marinade japonaise développe son meilleur arôme et sa consistance idéale après environ 3 heures.

32. Saumon alpin en marinade japonaise

ingrédients

- 300-400 g de saumon, thon, butterfish et/ou cabillaud
- quelques bâtonnets de surimi (bâtonnets de crabe)
- 1/2 avocat
- Jus de citron

- 1 concombre (petit)
- Radis (blancs et carottes)
- Gingembre (mariné, au goût)
- Pour la sauce à tremper :
- sauce de soja
- Vin de voyage

préparation

1. Couper les filets de poisson avec un couteau bien aiguisé, si nécessaire soigneusement désarêtés, en petits morceaux ou en tranches et les placer au frais. Peler la moitié d'avocat, couper la pulpe en lanières et faire mariner immédiatement avec un peu de jus de citron. Couper ou râper également les concombres, les radis et les carottes épluchés en lanières très fines. Diluez la sauce soja avec un peu de vin de riz et répartissez-la dans de petits bols. Disposer les morceaux de poisson et les bâtonnets de surimi de manière décorative sur un plat. Garnir avec les légumes préparés et servir avec de la sauce soja et de la pâte de wasabi. À table, incorporer plus ou moins de pâte de wasabi dans la sauce soja. Trempez maintenant un morceau de poisson dans la

sauce soja et dégustez-le avec quelques légumes.

33. Yaki Udon avec poitrine de poulet

ingrédients

- 200 g de yaki udon (nouilles de blé épaisses)
- 300 g de légumes mélangés sautés
- 200 g de filet de poitrine de poulet
- 1 cuillère à café d'huile de sésame
- 4 cuillères à soupe d'huile de tournesol
- 1/2 cuillère à café de piment à l'ail (ail mélangé à du piment haché)
- 1 morceau (2 cm) de gingembre frais
- 2 cuillères à soupe de sauce soja
- 1 cuillère à soupe de sucre

- 1 cuillère à café de graines de sésame pour la garniture

préparation

1. Pour les yaki udon, portez une grande quantité d'eau à ébullition et faites cuire les nouilles pendant environ 5 minutes. Égouttez, rincez à l'eau froide et égouttez.
2. Coupez le filet de poulet et les légumes nettoyés en lanières de la largeur d'un doigt, hachez le gingembre.
3. Chauffez un wok ou une poêle à fond épais, versez-y l'huile de sésame et de tournesol et faites chauffer. Faites-y revenir les lanières de légumes et la viande. Ajoutez le piment à l'ail, le sucre, la sauce soja et le gingembre et faites revenir pendant 3 minutes. Ajoutez les pâtes et faites-les revenir brièvement également.
4. Disposez les yaki udon dans des bols et saupoudrez de graines de sésame avant de servir.

34. Poitrine de porc bouillie

ingrédients

- 550 g de poitrine de porc (désossée, mais avec de belles couches de viande)
- 1 morceau de gingembre (3 cm)
- 2 gousses d'ail
- 1 oignon
- 1000 ml d'eau (chaude)
- Radis à bière (pour garnir selon vos envies)

Pour la sauce :

- 100 ml de sauce soja
- 5 cuillères à soupe de mirin (ou de porto)
- 1 morceau de gingembre (2 cm, haché grossièrement)

- 5 cuillères à soupe de sucre
- 1 EL Huile de sésame
- 3 cuillères à soupe d'huile végétale
- 50 ml de Dashi japonais (ou 1/2 cuillère à café de poudre Hondashi)

préparation

1. Pour la poitrine de porc cuite, versez d'abord de l'eau froide avec du gingembre, de l'ail, de l'oignon et de la viande dessus et portez à ébullition. Laissez ensuite mijoter pendant environ 1 heure. Filtrez l'eau et coupez la viande en morceaux de la taille d'une bouchée.
2. Pour la sauce, mélangez tous les ingrédients dans une casserole. Ajoutez la viande et laissez mijoter jusqu'à ce que la viande prenne la couleur de la sauce soja et soit si tendre qu'elle puisse être facilement mangée avec des baguettes. Servez la poitrine de porc cuite et garnissez de radis à bière râpé si vous le souhaitez.

35. Rouleaux de bœuf et d'oignons

ingrédients

- 4 tranches de steak de surlonge (fines, ou rôti de bœuf ou filet de bœuf)
- 4 oignons nouveaux
- 1 cuillère à café de sucre
- 2 cuillères à café de sauce soja
- Gingembre (fraîchement haché)
- 1 cuillère à café de xérès
- Huile (pour la friture)

préparation

1. Pour les rouleaux de bœuf et d'oignons, coupez d'abord les oignons nouveaux en lanières dans le sens de la longueur. Posez la viande dessus, recouvrez de lanières d'oignons nouveaux et roulez bien serré.
2. Pour la marinade, mélangez la sauce soja, le sucre, un peu de gingembre et du xérès.
3. Mettez les rouleaux de viande et laissez mariner pendant environ 30 minutes.
4. Retirez ensuite les rouleaux de bœuf et d'oignons et faites-les frire sur le gril ou dans une poêle (avec un peu d'huile chaude) pendant environ 3 minutes jusqu'à ce qu'ils soient dorés des deux côtés.

36. Yaki-Tori (brochettes de poulet grillées)

ingrédients

- 400 g de pilons de poulet détachés
- 2 bâton(s) de poireau (fin)
- 200 ml de soupe au poulet
- 120 ml de sauce soja japonaise
- 2 cuillères à soupe de sucre

préparation

1. Pour le yaki tori, faites tremper huit brochettes en bois dans l'eau pendant une nuit.
2. Coupez le poulet en petits cubes ou morceaux (environ 2,5 cm de diamètre).

Lavez le poireau et coupez-le en morceaux de 3 cm de long.

3. Portez brièvement à ébullition la soupe de poulet avec la sauce soja et le sucre à feu vif. Placez ensuite les cubes de poulet et les poireaux en alternance sur chaque brochette. Trempez les brochettes dans la sauce, égouttez-les et placez-les sur une plaque de gril chauffée.

4. Faites griller jusqu'à ce que les deux côtés soient dorés. Pendant ce temps, badigeonnez les brochettes de yaki-tori de sauce à plusieurs reprises.

37. Tempura de légumes à la mousseline de wasabi

ingrédients

- 1/2 poivron (rouge)
- 1/2 poivron (jaune)
- 250 g de courgettes (et tranches d'aubergines)
- 180 ml d'eau glacée
- 1 blanc d'oeuf
- 50 g de farine de riz (ou de fécule de maïs)
- 50 g de farine de blé
- sel
- Huile (pour friture)

Pour la mousseline au wasabi :

- 100 g de mayonnaise
- 1 cuillère à café de pâte de wasabi
- 1 cuillère à soupe de crème épaisse (fouettée)

préparation

1. Couper les tranches de courgettes et d'aubergines en rondelles de la taille d'une bouchée et le poivron dénoyauté en lanières de 5 mm de large. Pour la pâte à tempura, mélanger l'eau glacée avec le blanc d'œuf, une pincée de sel, la farine de riz et la farine de blé jusqu'à obtenir une consistance lisse. Faire chauffer beaucoup d'huile dans un wok. Saler légèrement les légumes, les plonger dans la pâte, les égoutter et les faire revenir dans l'huile chaude (environ 180 °C). Les sortir et les égoutter sur du papier absorbant. Mélanger tous les ingrédients de la sauce wasabi. Disposer les légumes cuits au four dans des bols ou des assiettes creuses et servir avec la mousseline.

38. Sashimi

ingrédients

- 85 g de thon (fraîchement préparé)
- 85 g de saumon (fraîchement préparé)
- 85 g de filet de bar (fraîchement préparé)
- 85 g de filets de turbot (en qualité marmite)
- 40 g de pâte de wasabikren
- 100 g de gingembre à sushi (mariné)
- 1 radis à bière
- 4 tranche(s) de citron vert
- Sauce soja (pour tremper)

préparation

2. Epluchez le radis à bière, coupez-le en morceaux de 10 cm de long et coupez-le à son tour en lanières très fines. Lavez-le à l'eau froide et laissez-le tremper pendant environ 10 minutes. Égouttez-le ensuite et réservez.
3. Coupez les filets de poisson soigneusement désossés en tranches d'environ 0,7 cm de large à l'aide d'un couteau bien aiguisé. Coupez ensuite ces dernières en rectangles d'environ 2 cm de large et 3 cm de long.
4. Garnissez ensuite 4 assiettes ou plateaux de sushi avec du radis à bière, des tranches de citron vert, du wasabi et du gingembre et servez 2 filets de poisson (soit un total de 8 tranches de poisson) par assiette.
5. Servir avec de la sauce soja.

39. Maki au thon

ingrédients

- 120 g de thon (qualité sashimi)
- 2 feuilles de nori (algue)
- 640 g de riz à sushi cuit (voir recette)
- 20 g de pâte de Wasabikren
- 100 g de gingembre mariné pour sushi
- Sauce soja pour tremper

préparation

1. Couper le thon avec un couteau bien aiguisé en lanières de 1,5 cm de large et 5 cm de long environ. Couper soigneusement les feuilles de nori en deux dans le sens de la

largeur avec des ciseaux de cuisine. Dérouler une natte de bambou et y déposer une demi-feuille de nori. Recouvrir d'environ 0,5 cm d'épaisseur de riz à sushi en laissant 1 cm libre en haut. De droite à gauche au milieu, appliquer une fine couche de wasabi avec les doigts et déposer une lanière de thon dessus. Commencer à rouler par le bas (là où se trouve le riz). Façonner la natte de manière à ce que le rouleau soit rectangulaire afin que les feuilles de nori ne se cassent pas. Appuyer légèrement sur le rouleau de bambou. Retirer la natte de bambou et préparer les rouleaux de maki restants de la même manière. Humidifier brièvement la lame du couteau avec de l'eau froide et couper les rouleaux en six morceaux égaux. Disposer les makis sur une assiette ou un plateau à sushi et garnir de wasabi et de gingembre. Servir avec de la sauce soja.

40. Tempura de légumes

ingrédients

- Légumes mélangés (selon offre)
- sel
- Huile végétale

Pour la pâte à tempura :

- 200 g de farine nature
- 200 g de farine de patate douce (ou de farine de pomme de terre)
- 2 cuillères à soupe de sucre
- 1/2 cuillère à soupe de sel
- 300 ml d'eau glacée
- 4 jaunes d'oeufs

Pour la sauce :

- 5 cuillères à soupe de sauce soja
- 5 cuillères à soupe d'eau
- 2 cuillères à soupe de sirop d'érable
- Un peu de gingembre haché
- 1 oignon de printemps haché

préparation

1. Couper les légumes nettoyés en diagonale en tranches d'environ 3 mm d'épaisseur et saler légèrement. Pour la pâte, tamiser les deux types de farine avec le sucre et le sel. Réserver environ un tiers et y retourner les tranches de légumes. Mélanger bien l'eau glacée avec les jaunes d'œufs et incorporer le reste de farine en deux fois. Remuer d'abord le mélange jusqu'à ce qu'il soit lisse, puis le remuer avec une fourchette (jamais avec un fouet !), de sorte que la pâte ait une consistance plutôt grumeleuse. Faire chauffer l'huile dans une poêle profonde. Passer les légumes farinés à travers la pâte et les faire tremper dans l'huile chaude. Cuire au four jusqu'à ce qu'ils soient dorés des deux côtés. Retirer et égoutter sur du

papier absorbant. Disposer et servir avec la sauce préparée. Pour la sauce, mélanger la sauce soja avec de l'eau, du sirop d'érable, du gingembre et des oignons nouveaux coupés en dés.

41. Crevettes tempura

ingrédients

- 250 g de queues de crevettes (de taille moyenne, sans carapace)
- 180 ml d'eau glacée
- 50 g de farine de riz (ou de fécule de maïs)
- 50 g de farine de blé
- sel
- Farine (à rendre lisse)
- sauce de soja

- Pâte de wasabikren (et/ou sauce chili en accompagnement)
- Huile (pour friture)

préparation

1. Pour la pâte à tempura, mélangez l'eau glacée avec l'œuf, le sel, le riz et la farine de blé jusqu'à obtenir une consistance lisse. Coupez le dos des crevettes de manière à ce que le dernier segment reste. La coupe leur donne la forme typique de papillon lors de la friture. Retirez les intestins. Faites chauffer beaucoup d'huile dans un wok. Retournez les crevettes dans la farine lisse. Ensuite, passez-les dans la pâte l'une après l'autre, égouttez-la et faites-la frire dans de la graisse chaude (180 ° C) jusqu'à ce qu'elle soit dorée. Retirez-la et égouttez-la sur du papier absorbant. Servez avec différentes sauces pour tremper.

42. Poêlée de riz au poulet et piment

ingrédients

- 8 jarrets de poulet (petits)
- 1 paquet de cuisses de poulet croustillantes Knorr Basis
- 1 cube de soupe claire Knorr
- 200 g de riz basmati Journey
- 4 tomates (petites)
- 2 cuillères à soupe de poudre de paprika
- 2 cuillères à soupe de concentré de tomates
- 1 pièce de paprika (rouge)
- Piment (pour assaisonner)
- Persil (frais)

préparation

2. Pour la poêle de riz au poulet chili, préparez les jarrets de poulet à base de KNORR selon les instructions sur l'emballage.
3. Pendant ce temps, faites cuire le riz dans une casserole sans ajouter de matière grasse. Déglacez avec trois fois plus d'eau et portez à ébullition avec la poudre de paprika, le concentré de tomates et le cube de soupe. Laissez mijoter le riz au poulet pimenté jusqu'à ce que le riz soit tendre.
4. Pendant ce temps, coupez le poivron et les tomates en gros morceaux et ajoutez-les au poulet. Mélangez le riz cuit avec les jarrets et servez avec du persil.

43. Gyoza

ingrédients

- 200 g de viande hachée
- 1/2 bâton(s) de poireau
- 3 feuilles de chou chinois
- 1 tranche(s) de gingembre (frais)
- 1 gousse d'ail
- 1 cuillère à soupe de sauce soja
- 1/2 cuillère à café de sel
- Poivre du moulin)
- 1 paquet de feuilles de wonton
- 1 cuillère à café d'huile de sésame
- 1/2 tasse(s) d'eau

Pour la sauce à tremper :

- 1/2 tasse(s) de sauce soja
- 1/2 tasse(s) de voyage
- 1 cuillère à café d'ail (finement haché)

préparation

1. Pour les Gyoza, blanchissez d'abord brièvement les feuilles de chou chinois, essorez-les bien et coupez-les en petits morceaux. Lavez le poireau et coupez-le en petits morceaux, comme le chou chinois. Pelez et râpez finement le gingembre et l'ail. Mélangez le chou chinois, le poireau, la viande hachée, le gingembre, le poivre, le sel, l'ail et la sauce soja.
2. Déposez les feuilles de brick dessus et déposez un peu de garniture au milieu. Humidifiez légèrement le bord de la feuille de brick et pressez les bords ensemble pour former un croissant de lune.
3. Faites chauffer l'huile dans une poêle et faites frire les gyozas à feu moyen pendant 2 à 3 minutes jusqu'à ce que le dessous soit doré. Ajoutez ensuite l'eau et faites cuire

dans la poêle couverte jusqu'à ce que l'eau se soit évaporée.
4. Pour la sauce, mélangez la sauce soja avec le vinaigre de riz et l'ail. Dressez les gyozas avec la sauce et servez.

44. Variations de sushis et de makis

ingrédients

Pour la recette de base du riz :

- 500 g de riz à sushi
- 2 cuillères à soupe de vinaigre de riz
- 1 cuillère à café de sucre
- 1 cuillère à soupe de sel

Pour le nigiri au saumon classique :

- Wasabi
- Pour les makis au thon :
- Feuille de yaki nori
- Wasabi

- thon

Pour le California Roll :

- Wasabi
- concombre
- avocat
- crevette
- Graines de sésame (grillées)

Pour le roulé à la main avec des œufs de poisson :

- Feuille de yaki nori
- Wasabi
- Œufs de poisson
- citron

préparation

1. Pour les variantes de sushi et de maki, préparez d'abord le riz.
2. Pour le riz à sushi, rincez le riz et laissez-le égoutter pendant 1 heure, puis ajoutez le riz avec la même quantité d'eau et faites cuire à feu vif. Couvrez ensuite et remettez la température à feu moyen.

3. Lorsque la surface du riz devient visible dans la casserole, remettez le réglage le plus bas. Lorsque l'eau s'est évaporée, faites-la chauffer à nouveau pendant 1 minute, puis retirez le riz du feu et laissez-le s'évaporer pendant 15 minutes avec le couvercle fermé.
4. Mélangez le vinaigre de riz, le sucre et le sel pour la marinade et mélangez-le avec le riz long grain encore chaud dans un saladier. Laissez refroidir un peu, mais ne le mettez pas au réfrigérateur, sinon le riz durcira.
5. Pour le nigiri au saumon classique, formez de petites boules de riz à sushi avec vos mains mouillées et pressez-les. Badigeonnez-les de wasabi. Posez dessus une grande tranche de saumon. Attention : ne faites jamais de sushis trop gros pour pouvoir les déguster en une seule bouchée.
6. Pour les makis au thon, déposez la feuille de yaki nori sur la natte de bambou. Recouvrez d'une fine couche de riz long grain. Badigeonnez d'un peu de wasabi. Posez dessus une rangée de fines lanières de thon. Enroulez avec la natte de bambou et coupez le rouleau en tranches pour réaliser les petits makis.

7. Pour le California Roll, recouvrez la natte de bambou d'un film alimentaire. Déposez dessus une fine couche de riz. Badigeonnez de wasabi. Placez au milieu 1 bande de concombre, 1 bande d'avocat et 1 bande de crevettes. Enroulez avec la natte de bambou et roulez le rouleau fini dans des graines de sésame grillées. Coupez en petites tranches.
8. Pour le roulé aux œufs de poisson, déposez une cuillerée de riz sur une feuille de yaki nori. Enroulez la feuille comme un sac. Étalez un peu de wasabi sur le riz et remplissez-le d'œufs de poisson (saumon, truite, etc.). Décorez d'un petit morceau de citron.

45. Poulet glacé aux graines de sésame

ingrédient

- 1 kg de pilons de poulet
- 50 g de gingembre
- 1 gousse d'ail
- 100 ml de mirin (vin de riz doux ; alternativement du xérès)
- 100 ml de sauce soja (japonaise)
- 2 cuillères à soupe de sucre
- sel
- 2 cuillères à soupe d'huile de sésame

préparation

1. Pour le poulet au sésame, lavez les cuisses de poulet et si vous avez acheté des cuisses de poulet entières, coupez les cuisses et le bas des cuisses en deux.
2. Pelez le gingembre et râpez-le. Pelez et écrasez l'ail. Mélangez 1 cuillère à café et demie de gingembre et d'ail avec le sucre, la sauce soja, le mirin, une pincée de sel et quelques gouttes d'huile de sésame. Mettez la viande dans la marinade de manière à ce qu'elle soit bien recouverte de tous les côtés. Couvrez et laissez reposer au réfrigérateur pendant au moins 3 heures, de préférence une nuit.
3. Sortez la viande de la marinade et laissez-la bien égoutter. Faites-la revenir des deux côtés dans l'huile chaude. Videz l'huile et versez la marinade sur la viande. Laissez mijoter dans la poêle fermée à feu doux pendant 20 minutes.
4. Faites revenir la viande dans la poêle ouverte pendant encore 5 minutes, jusqu'à ce que la sauce soit sirupeuse. Servez ensuite le

poulet aux graines de sésame avec un bol de riz.

46. Rôti de porc japonais

ingrédients

- 600 g de porc (épaule ou pilon)
- sel
- Graine de carvi
- 50 g de matières grasses
- 10 grammes de farine
- 1 oignon (tranché)
- 50 g de céleri (tranché)
- 1 cuillère à soupe de moutarde
- eau

préparation

1. Pour le rôti de porc japonais, faites revenir l'oignon et le céleri dans de la graisse chaude. Frottez la viande avec des graines de carvi et du sel, placez-la sur les légumes et faites revenir le tout.
2. Au bout d'une demi-heure, versez de l'eau dessus. Ajoutez ensuite la moutarde. Enfin, saupoudrez le jus, portez à ébullition et filtrez. Servez le rôti de porc japonais.

47. Okonomyaki

ingrédients

- 300 g de farine
- 200 ml d'eau
- 2 oeufs
- 1 tête de chou blanc
- 10 tranche(s) de bacon
- 10 tranche(s) de viande de dinde
- 5 champignons

préparation

1. Pour l'okonomiyaki, mélangez les ingrédients et faites-les revenir des deux côtés dans la poêle. Garnissez de sauce okonomi et de katsubushi (flocons de poisson séchés) et de mayonnaise japonaise, si disponible.

48. Maki

ingrédients

- 4 feuilles de nori
- 1 tasse(s) de riz à sushi (grain rond)
- 1 avocat
- ½ concombre
- 1 carotte
- 50 g de saumon
- 2 bâtonnets de surimi
- 1 cuillère à café de wasabi
- 2 cuillères à soupe de vinaigre de riz
- sucre
- sauce de soja

préparation

1. Pour les makis, rincez le riz à sushi dans une passoire à l'eau froide jusqu'à ce que l'eau soit claire. C'est important pour que l'amidon soit éliminé et que le riz, qui est bien collant, ne colle pas trop.
2. Préparez le riz selon les instructions figurant sur le paquet, assaisonnez-le avec du vinaigre de riz, du sel de mer et un peu de sucre. Mettez le riz dans un grand bol et répartissez-le pour qu'il refroidisse plus rapidement.
3. Coupez les légumes lavés et le saumon en lanières. Posez une feuille de nori sur la natte en bambou et étalez-la finement avec le riz à sushi fini jusqu'au bord supérieur, environ 2 cm. C'est plus facile avec les mains mouillées.
4. Étalez un peu de pâte de wasabi sur le riz. Mélangez les légumes, le saumon ou le surimi selon votre goût, répartissez-les au milieu du riz. Enroulez-le ensuite avec la natte en bambou. Collez l'extrémité de la feuille de nori avec de l'eau. Refroidissez le maki fini

et coupez-le en tranches avant de servir.
Servez avec de la sauce soja.

49. Roulades de boeuf aux jeunes carottes

ingrédients

- 500 g de bœuf (tranché très finement)
- 24 petites carottes (ou 1 1/2 carotte)
- sel
- Maïzena
- 1 cuillère à soupe de mirin
- 1 cuillère à soupe de sauce soja

- poivre

préparation

1. Pour les rouleaux de bœuf, mélangez le mirin et la sauce soja dans un bol. Coupez les carottes en quartiers et placez-les dans un récipient allant au micro-ondes avec de l'eau.
2. Faites cuire au micro-ondes pendant 3 à 4 minutes. Salez et poivrez le bœuf et roulez 2 carottes coupées en quartiers en 1 tranche chacune. Roulez les rouleaux finis dans la fécule de maïs.
3. Chauffer l'huile dans une poêle et y faire revenir les rouleaux. Verser la sauce dessus et laisser épaissir. Servir les rouleaux de bœuf avec du riz ou de la salade.

50. Nouilles asiatiques au bœuf

ingrédients

- 200 g de nouilles udon
- 300 g de bœuf
- 1 poireau(x)
- 1 cuillère à soupe de sauce soja
- 1 citron vert
- 1 cuillère à café de piment (moulu)
- 3 cuillères à soupe d'huile de sésame (pour la friture)
- 50 g de germes de soja

préparation

1. Pour les nouilles asiatiques au bœuf, faites cuire les nouilles selon les instructions sur l'emballage.
2. Hachez finement le poireau et coupez le bœuf en dés. Faites chauffer l'huile et faites revenir le poireau et le bœuf.
3. Ajoutez les germes de soja, le jus de citron vert, les flocons de piment et la sauce soja et faites frire pendant encore 2 minutes.
4. Disposer les nouilles asiatiques avec le bœuf et servir.

RECETTES DE LÉGUMES

51. Petite assiette de sashimi

ingrédients

- 300-400 g de saumon, thon, butterfish et/ou cabillaud
- quelques bâtonnets de surimi (bâtonnets de crabe)
- 1/2 avocat
- Jus de citron
- 1 concombre (petit)

- Radis (blancs et carottes)
- Gingembre (mariné, au goût)
- Pour la sauce à tremper :
- sauce de soja
- Vin de voyage
- Pâte de wasabikren

préparation

1. Couper les filets de poisson avec un couteau bien aiguisé, si nécessaire soigneusement désarêtés, en petits morceaux ou en tranches et les placer au frais. Peler la moitié d'avocat, couper la pulpe en lanières et faire mariner immédiatement avec un peu de jus de citron. Couper ou râper également le concombre, le radis et les carottes épluchés en très fines lanières. Diluez la sauce soja avec un peu de vin de riz et répartissez-la dans de petits bols. Disposer les morceaux de poisson et les bâtonnets de surimi de manière décorative sur un plat. Garnir avec les légumes préparés et servir avec de la sauce soja et de la pâte de wasabi. À table, incorporer plus ou moins de pâte de wasabi dans la sauce soja. Trempez maintenant un morceau de poisson dans la

sauce soja et dégustez-le avec quelques légumes.

52. Caviar Keta sur purée de daïkon

ingrédients

- 120 g de caviar kéta
- 300 g de radis daikon (radis japonais, ou autres radis doux)
- 3 cuillères à soupe de sauce soja
- 4 feuilles de laitue verte
- 1 cuillère à café de jus de citron

- 1 cuillère à café de gingembre fraîchement râpé
- Pâte de Wasabikren à volonté

préparation

1. Pour le caviar de keta sur purée de daikon, disposez les feuilles de laitue lavées et égouttées sur 4 assiettes. Râpez le radis avec une râpe fine et lavez-le à l'eau froide. Égouttez-le bien dans une passoire et répartissez-le dans 4 assiettes. Mélangez le caviar de keta avec la sauce soja et servez sur la purée de daikon. Disposez dessus le gingembre râpé et arrosez d'un peu de jus de citron. Servez avec du wasabi, si vous le souhaitez.

53. Salade Koknozu aux pois chiches

ingrédients

- 80 g de pois chiches
- 40 g de lentilles vertes
- 40 g de lentilles rouges
- 80 g de riz brun
- 1 feuille d'algue nori, 30 x 20 cm
- 1/2 papaye
- 4 cuillères à soupe de flocons de bonite (ou de cubes de bacon rôtis)
- Salade frisée pour garnir selon vos envies
- sel
- 1/2 cuillère à café d'huile de sésame
- 8 cuillères à soupe de vinaigre à sushi

préparation

1. Faites tremper les pois chiches toute la nuit et faites-les cuire jusqu'à ce qu'ils soient tendres le lendemain. Faites tremper les lentilles dans de l'eau froide pendant 1 heure, puis faites-les cuire jusqu'à ce qu'elles soient al dente. Faites cuire le riz brun jusqu'à ce qu'il soit tendre pendant environ 20 minutes. (Le riz ne doit cependant pas être cuit trop longtemps, sinon la peau se brisera.)
2. Pendant ce temps, coupez la feuille de nori en lanières très fines. Pelez et épépinez la papaye et coupez-la en petits morceaux. Mixez-la au mixeur. Disposez ensuite les unes après les autres les lentilles vertes et rouges, le riz brun et enfin les pois chiches dans des petits bols ou des verres. Répartissez dessus les lanières de nori et les flocons de bonite et garnissez de salade frisée si vous le souhaitez. Pour la vinaigrette, mélangez la purée de papaye avec du sel, de l'huile de sésame et du vinaigre et servez dans un bol séparé. Mélangez soigneusement à table.

54. Tempura de légumes

ingrédients

- Légumes mélangés (selon offre)
- sel
- Huile végétale

Pour la pâte à tempura :

- 200 g de farine nature
- 200 g de farine de patate douce (ou de farine de pomme de terre)
- 2 cuillères à soupe de sucre
- 1/2 cuillère à soupe de sel
- 300 ml d'eau glacée
- 4 jaunes d'oeufs

Pour la sauce :

- 5 cuillères à soupe de sauce soja
- 5 cuillères à soupe d'eau
- 2 cuillères à soupe de sirop d'érable
- Un peu de gingembre haché
- 1 oignon de printemps haché

préparation

2. Couper les légumes nettoyés en diagonale en tranches d'environ 3 mm d'épaisseur et saler légèrement. Pour la pâte, tamiser les deux types de farine avec le sucre et le sel. Réserver environ un tiers et y retourner les tranches de légumes. Mélanger bien l'eau glacée avec les jaunes d'œufs et incorporer le reste de farine en deux fois. Remuer d'abord le mélange jusqu'à ce qu'il soit lisse, puis le remuer avec une fourchette (jamais avec un fouet !), de sorte que la pâte ait une consistance plutôt grumeleuse. Faire chauffer l'huile dans une poêle profonde. Passer les légumes farinés à travers la pâte et les faire tremper dans l'huile chaude. Cuire au four jusqu'à ce qu'ils soient dorés des deux côtés. Retirer et égoutter sur du

papier absorbant. Disposer et servir avec la sauce préparée. Pour la sauce, mélanger la sauce soja avec de l'eau, du sirop d'érable, du gingembre et des oignons nouveaux coupés en dés.

55. Maki aux légumes

ingrédients

- 4 pièces. Feuilles de nori
- 3 cuillères à soupe de sac de voyage japonais
- 1 tasse(s) de riz à sushi (environ 250 g)
- 2 cuillères à soupe de sucre
- 1 cuillère à soupe de sel
- Légumes (au goût, par exemple concombre, carotte, betterave jaune, avocat)
- 1 bouteille(s) de sauce soja (petite)

- Pâte de wasabi (au goût)

préparation

1. Pour le maki aux légumes, lavez bien le riz et faites-le tremper dans de l'eau froide pendant au moins une heure.
2. Portez le riz à ébullition dans 300 ml d'eau et laissez mijoter à feu doux pendant 10 minutes. Transférez ensuite dans un bol et laissez refroidir.
3. Portez le vinaigre, le sucre et le sel à ébullition, puis incorporez-les immédiatement au riz.
4. Epluchez les légumes et coupez-les en longues lanières. Si vous mangez des légumes racines, faites-les cuire al dente au préalable.
5. Humidifiez une feuille de nori et déposez-la sur un rouleau en bambou. Étalez dessus un peu de riz. Placez les légumes au milieu puis enroulez le maki en serrant bien.
6. Coupez les makis de légumes avec un couteau bien aiguisé en tranches d'environ 2,5 à 3 cm

d'épaisseur, disposez-les avec de la sauce soja, du wasabi (au goût) et des baguettes et servez immédiatement.

56. Onigiri au chou rouge et tofu fumé

ingrédients

- 50 g de tofu fumé
- 50 g de chou rouge
- sel
- 300 g de sushis voyage
- 3 cuillères à soupe de vinaigre de riz
- 1 cuillère à soupe de sucre
- 8 feuilles de nori (ou plus ; coupées en rectangles de 3 x 6 cm)
- Sauce soja (pour servir)

préparation

1. Pour les onigiri au chou rouge et au tofu fumé, hachez d'abord finement le tofu fumé et le chou rouge et mélangez avec un peu de sel dans un bol.
2. Rincez le riz dans une passoire sous l'eau courante jusqu'à ce que l'eau s'écoule clairement. Mettez 600 ml d'eau dans une casserole, ajoutez le riz, portez à ébullition. Éteignez l'appareil et laissez reposer le riz, couvert, pendant environ 15 minutes.
3. Ajoutez le vinaigre avec le sucre, le tofu et le chou rouge au riz encore chaud, mélangez, étalez sur une plaque à pâtisserie et laissez refroidir.
4. Retirez le riz en environ 8 portions égales, façonnez chacune en boules et formez-les de manière optimale avec une boîte à onigiri.
5. Placez un rectangle de nori autour du fond des onigiris, disposez-les sur une assiette et servez les onigiri avec du chou rouge et du tofu fumé avec de la sauce soja, si vous le souhaitez.

57. Yaki-Tori (brochettes de poulet grillées)

ingrédients

- 400 g de pilons de poulet détachés
- 2 bâton(s) de poireau (fin)
- 200 ml de soupe au poulet
- 120 ml de sauce soja japonaise
- 2 cuillères à soupe de sucre

préparation

1. Pour le yaki tori, faites tremper huit brochettes en bois dans l'eau pendant une nuit.
2. Coupez le poulet en petits cubes ou morceaux (environ 2,5 cm de diamètre).

Lavez le poireau et coupez-le en morceaux de 3 cm de long.

3. Portez brièvement à ébullition la soupe de poulet avec la sauce soja et le sucre à feu vif. Placez ensuite les cubes de poulet et les poireaux en alternance sur chaque brochette. Trempez les brochettes dans la sauce, égouttez-les et placez-les sur une plaque de gril chauffée.
4. Faites griller jusqu'à ce que les deux côtés soient dorés. Pendant ce temps, badigeonnez les brochettes de yaki-tori de sauce à plusieurs reprises.

58. Variations de sushis et de makis

ingrédients

Pour la recette de base du riz :

- 500 g de riz à sushi
- 2 cuillères à soupe de vinaigre de riz
- 1 cuillère à café de sucre
- 1 cuillère à soupe de sel

Pour le nigiri au saumon classique :

- Wasabi
- Pour les makis au thon :
- Feuille de yaki nori
- Wasabi

- thon

Pour le California Roll :

- Wasabi
- concombre
- avocat
- crevette
- Graines de sésame (grillées)

Pour le roulé à la main avec des œufs de poisson :

- Feuille de yaki nori
- Wasabi
- Œufs de poisson
- citron

préparation

1. Pour les variantes de sushi et de maki, préparez d'abord le riz.
2. Pour le riz à sushi, rincez le riz et laissez-le égoutter pendant 1 heure, puis ajoutez le riz avec la même quantité d'eau et faites cuire à feu vif. Couvrez ensuite et remettez la température à feu moyen.
3. Lorsque la surface du riz devient visible dans la casserole, remettez le réglage le plus bas. Lorsque l'eau s'est évaporée, faites-la

chauffer à nouveau pendant 1 minute, puis retirez le riz du feu et laissez-le s'évaporer pendant 15 minutes avec le couvercle fermé.

4. Mélangez le vinaigre de riz, le sucre et le sel pour la marinade et mélangez-le avec le riz long grain encore chaud dans un saladier. Laissez refroidir un peu, mais ne le mettez pas au réfrigérateur, sinon le riz durcira.

5. Pour le nigiri au saumon classique, formez de petites boules de riz à sushi avec vos mains mouillées et pressez-les. Badigeonnez-les de wasabi. Posez dessus une grande tranche de saumon. Attention : ne faites jamais de sushis trop gros pour pouvoir les déguster en une seule bouchée.

6. Pour les makis au thon, déposez la feuille de yaki nori sur la natte de bambou. Recouvrez d'une fine couche de riz long grain. Badigeonnez d'un peu de wasabi. Posez dessus une rangée de fines lanières de thon. Enroulez avec la natte de bambou et coupez le rouleau en tranches pour réaliser les petits makis.

7. Pour le California Roll, recouvrez la natte de bambou d'un film alimentaire. Déposez dessus une fine couche de riz. Badigeonnez

de wasabi. Placez au milieu 1 bande de concombre, 1 bande d'avocat et 1 bande de crevettes. Enroulez avec la natte de bambou et roulez le rouleau fini dans des graines de sésame grillées. Coupez en petites tranches.

8. Pour le roulé aux œufs de poisson, déposez une cuillerée de riz sur une feuille de yaki nori. Enroulez la feuille comme un sac. Étalez un peu de wasabi sur le riz et remplissez-le d'œufs de poisson (saumon, truite, etc.). Décorez d'un petit morceau de citron.

59. Maki au thon, avocat et shiitake

ingrédients

Pour le riz :

- 400 g de sushis voyage
- 650 ml d'eau du robinet
- 1 1/2 cuillère à soupe de vinaigre de riz
- sel
- sucre

Pour couvrir :

- Thon (coupé en fins bâtonnets)
- Pâte de wasabi
- 4 tranches de nori

- Shiitake (séché, trempé)
- 2 morceaux d'avocat (tranchés finement, arrosés de jus de citron)

préparation

1. Pour les makis au thon, avocat et shiitake, préparez d'abord le riz à sushi. Pour cela, rincez soigneusement le riz à l'eau froide et laissez-le égoutter dans la passoire pendant environ 30 minutes.
2. Faites cuire le riz dans une casserole avec de l'eau du robinet et un peu de sel à feu vif et laissez cuire sur le feu pendant une minute en faisant des ébullitions. Fermez la casserole et faites cuire le riz à la vapeur à la température la plus basse pendant 15 minutes.
3. Incorporer le vinaigre de riz avec une spatule en bois. Pour cela, tenir la spatule en diagonale et dans le sens de la longueur afin que le riz ne soit pas remué correctement, mais coupé comme un couteau de cuisine. De cette façon, il reste plus granuleux qu'avec un mélange normal. Laisser refroidir.
4. Pendant ce temps, préparez la natte en bambou. Posez dessus une feuille de nori.

Étalez ensuite finement le riz. Étalez dessus un peu de wasabi. Garnissez une rangée de thon, d'avocat et de shiitake. Enroulez à l'aide de la natte en bambou.

5. Pour servir, coupez en tranches avec un couteau de cuisine bien aiguisé afin que les makis au thon, à l'avocat et au shiitake obtiennent leur forme et leur taille caractéristiques.

60. Maki au saumon, concombre et avocat

ingrédients

- 400 g de riz à sushi (voir lien dans le texte)
- 3 feuilles de nori
- Pour couvrir :
- 200 g de saumon (frais)
- 200 g d'avocat (pas trop mou)
- 200 g de concombre
- Wasabi

préparation

1. Pour les makis au saumon, concombre et avocat, préparez d'abord le riz à sushi selon la recette de base. Coupez le saumon, le concombre et l'avocat en fines lanières.

2. Déposez une feuille de nori sur une natte, déposez le riz en fine couche, saupoudrez de wasabi et disposez en rangée les lanières de saumon, le concombre et l'avocat. Enroulez avec la natte.
3. Coupez en tranches avec un couteau de cuisine bien aiguisé et disposez le maki avec le saumon, le concombre et l'avocat sur une assiette.

61. Maki aux crevettes, concombre et shiitake

ingrédients

- Riz à sushi (voir lien dans le texte)
- Concombre
- Crevettes (par exemple Ama Ebi)
- Shiitake (séché)
- 3 feuilles de nori
- Wasabi

préparation

1. Pour le maki aux crevettes, concombre et shiitake, préparez d'abord le riz à sushi selon la recette de base.
2. Faire tremper les shiitakes dans de l'eau puis les couper en lanières. Épépiner le

concombre et le couper en lanières d'1/2 cm d'épaisseur. Couper également les crevettes en lanières.
3. Déposez d'abord une feuille de nori sur une natte en bambou. Étalez dessus une fine couche de riz en laissant un bord libre. Disposez une rangée de crevettes, de concombre et de shiitake. Enroulez à l'aide de la natte en bambou en tassant fermement.
4. Coupez les rouleaux en diagonale en 3 à 4 morceaux égaux et servez le maki avec des crevettes, du concombre et des shiitake.

62. Chips de courgettes au parmesan

ingrédients

- 2-3 morceaux de courgettes (lavées, coupées en tranches de 1 cm d'épaisseur)
- sel de mer
- Poivre du moulin)
- Huile végétale (pour friture)
- Pour le panier :
- 2 pièces. Propriétaires
- 120 g de chapelure panko
- 60 g de farine (universelle)
- 60 g de parmesan (finement râpé)

préparation

1. Pour les chips de courgettes au parmesan, assaisonnez les tranches de courgettes avec du sel de mer et du poivre.
2. Mélangez le panko et le parmesan râpé, fouettez les œufs.
3. Passez les tranches de courgettes dans la farine, passez-les dans l'œuf battu et panez-les dans le mélange panko-parmesan.
4. Cuire au four dans la matière grasse chaude à 170-180°C jusqu'à ce qu'ils soient croustillants et dorés.
5. Les chips de courgettes au parmesan sont meilleures servies fraîches !

63. Toiles d'araignées japonaises

ingrédients

- 5 à 6 brins de chou japonais
- 2 carottes (grosses)
- 4 à 5 cuillères à soupe de crème fouettée
- 1 cuillère à soupe de beurre
- 1 cuillère à café de sel aux herbes
- Poivre (un peu)

préparation

1. Pour les tiges de chou japonais, épluchez les feuilles et mettez-les dans une passoire. Lavez la tige et coupez-la en morceaux de 5

mm. Lavez les feuilles et coupez-les en fines nouilles. Coupez les carottes en dés.
2. Laissez chauffer le beurre, faites suer les dés de carottes et les dés de chou japonais et faites-les légèrement dorer, puis versez la crème fouettée et 125 ml d'eau, assaisonnez et laissez mijoter environ 5 minutes.
3. Ajoutez les feuilles hachées et laissez cuire encore 2 minutes.

64. Maki sushi au thon et concombre

ingrédients

- 1 morceau de concombre (100 g)
- 100 grammes de thon (très frais)
- 3 Nori (algues séchées)
- 1 Recette riz à sushi (recette de base riz à sushi)
- 2 cuillères à soupe de wasabi (pâte de raifort vert)

préparation

5. Pelez le concombre et coupez-le en deux dans le sens de la longueur. Retirez les

graines à l'aide d'une cuillère et coupez le concombre en lanières dans le sens de la longueur. Coupez le thon en lanières d'environ 5 mm d'épaisseur. Coupez les feuilles de nori en deux.

Rouleau de sushi :

6. Pour cela, posez du film alimentaire sur une natte de bambou et une feuille de nori à moitié par-dessus. Humidifiez vos mains avec de l'eau. Étalez du riz à sushi sur la feuille de nori sur environ 1 cm de hauteur, en laissant 1 cm libre en haut. N'appuyez pas trop fort sur le riz. Posez une fine bande de wasabi sur le tiers inférieur de la feuille (attention, c'est très chaud !). Posez dessus du concombre ou du thon.

7. À l'aide du tapis en bambou, enroulez soigneusement la garniture avec la feuille de nori, en enroulant le film alimentaire autour du rouleau. Appuyez le rouleau en place avec le tapis. Appuyez légèrement le rouleau à plat sur un côté long avec vos mains, cela donnera aux rouleaux leur forme de larme plus tard.)

8. Préparez 5 autres rouleaux comme décrit. Coupez les rouleaux en 8 morceaux égaux à l'aide d'un couteau bien aiguisé trempé plusieurs fois dans de l'eau froide.

65. Ura Makis Avocat

Ingrédients

- 2 avocats (mûrs)
- 250 g de riz (riz à sushi, riz à grains courts)
- 1 cuillère à soupe de vinaigre de riz
- 3 feuilles de nori (algue marine)
- 1 cuillère à café de sel
- 1 cuillère à café de sucre

préparation

1. Pour l'avocat Ura Makis, lavez d'abord le riz cru sous l'eau courante jusqu'à ce que l'eau

s'écoule clairement. Faites cuire le riz à feu doux pendant 12 minutes. Laissez refroidir le riz cuit sur une assiette plate pendant 10 minutes.
2. Mélanger le vinaigre de riz avec le sel et le sucre et arroser de riz. Bien mélanger avec une cuillère en bois.
3. Divisez le riz en 6 parts égales et répartissez une part uniformément sur une natte en bambou. Placez ensuite une feuille de nori avec le côté brillant vers le bas et étalez un autre morceau de riz dessus, en laissant 2 cm libres ici.
4. Pelez l'avocat, retirez le noyau et coupez-le en larges lanières. Déposez 2 à 3 lanières (selon la longueur) au milieu du premier tiers du riz. Roulez ensuite avec une pression uniforme, à l'aide de la natte en bambou, de haut en bas.
5. Ura Maki Avocat coupé avec un couteau bien aiguisé en lanières de 1,5 cm de large.

66. Soupe aigre-douce

ingrédients

- 150 g de blanc de poulet (ou alternativement 1 boîte de thon)
- 1-2 l de soupe au poulet
- 1/2 cuillère à café de sel
- 2 cuillères à soupe de sauce soja
- 1 cuillère à soupe de vinaigre
- 1 Le ketchup
- 1 poignée de morilles
- 1 poignée de champignons shiitake
- 2 chariots
- 2 cuillères à soupe d'huile d'arachide
- 3 cuillères à soupe d'amidon

préparation

1. Pour la soupe, préparez le bouillon de poulet la veille ou dissolvez 2 cubes de soupe de poulet dans de l'eau chaude.
2. Coupez le poulet en petits dés et mélangez-le avec une marinade à base de sauce soja, de sel, de vinaigre et de ketchup. Laissez infuser pendant au moins 30 minutes.
3. Hachez les morilles et les champignons shiitake et râpez les carottes. Faites chauffer l'huile d'arachide dans un wok et saisissez-y le poulet.
4. Déglacer avec la soupe de poulet tiède et porter à ébullition. Ajouter les carottes, les morilles et les champignons shiitake et laisser mijoter.
5. Diluer la fécule dans 5 cuillères à soupe d'eau tiède et incorporer lentement à la soupe. Porter à nouveau à ébullition. Battre les œufs dans un bol et bien fouetter.
6. Ajoutez maintenant rapidement le mélange d'œufs à la soupe chaude à l'aide d'une cuillère à soupe - faites des mouvements circulaires pour que l'œuf soit bien réparti.

7. Assaisonnez au goût avec du sel, du poivre et du sucre.

67. Légumes au wok avec de la viande

ingrédients

- 400 g de porc
- 580 g de légumes frits (igloo)
- 6 cuillères à soupe d'huile de colza
- marjolaine
- thym
- sel
- poivre

préparation

1. Pour les légumes sautés à la viande, coupez d'abord la viande de porc en dés et faites-la tremper dans un mélange d'huile de colza, de

sel, de poivre, de marjolaine et de thym. Laissez infuser au moins 3 heures, de préférence toute la nuit.
2. Mettez le porc dans un wok sans ajouter d'huile et faites-le revenir jusqu'à ce qu'il soit chaud. Ajoutez les légumes du wok et attendez que l'eau s'évapore.
3. Ensuite, faites revenir le tout ensemble. Les légumes sautés avec de la viande sont également délicieux avec du sel et du poivre et servis.

68. Thon aux pousses de piment

ingrédients

- 180 g de filet de thon (frais)
- 1 piment
- 1 gousse d'ail
- 50 g de germes de soja
- 50 g de pousses de lentilles
- 2 oignons nouveaux
- 1 cuillère à soupe de sauce chili
- 1 cuillère à soupe de sauce aux huîtres
- 1 cuillère à soupe de sauce soja
- 1 pincée de fécule de maïs
- sel
- poivre

- Huile de sésame (pour la friture)

préparation

1. Couper le filet de thon en dés de 2 cm. Couper le piment en deux dans le sens de la longueur, retirer le cœur et hacher finement la gousse d'ail. Hacher finement les oignons nouveaux. Faire chauffer un peu d'huile de sésame dans un wok. Ajouter les oignons nouveaux, le piment et l'ail et les faire suer. Ajouter les pousses et assaisonner le tout avec du sel et du poivre. Assaisonner enfin avec la sauce chili. Retirer les légumes et les garder au chaud. Essuyer maintenant le wok avec du papier absorbant. Faire chauffer à nouveau un peu d'huile de sésame et faire revenir brièvement les cubes de thon de tous les côtés (ils doivent encore être juteux à l'intérieur). Pendant ce temps, mélanger la sauce aux huîtres, la sauce soja, la fécule de maïs et environ 2 cuillères à soupe d'eau. Verser cette sauce épicée sur le thon. Disposer les pousses de piment épicées sur des assiettes et placer les cubes de thon dessus.

69. Tempura de saumon et légumes

ingrédients

- 150 g de filet de saumon
- 150 g de légumes (si vous aimez - oignons nouveaux, pommes de terre bouillies ..)
- 50 g de farine à tempura (disponible dans la boutique Asia Shop)
- 80 ml d'eau minérale (froide)
- un peu de sel
- Huile pour friture)
- sauce de soja
- Pâte de wasabikren (et gingembre en garniture)

préparation

1. Couper le saumon en lanières de 5 x 2 cm. Couper les légumes en morceaux ou en lanières de la taille d'une bouchée. Mélanger au fouet une pâte à tempura lisse composée de farine, d'eau minérale et d'une pincée de sel. Faire chauffer l'huile dans une poêle ou un wok adapté. Passer les morceaux de saumon et les légumes dans la pâte et les faire revenir dans la graisse à feu très vif (environ 180 °C) pendant environ une demi-minute. (N'ajoutez jamais trop d'aliments frits à la fois, travaillez plutôt en plusieurs portions pour que l'huile ne refroidisse pas.) Retirer la tempura finie, bien égoutter sur du papier absorbant et servir avec de la sauce soja, du wasabi et du gingembre mariné.

70. Salade de nouilles japonaises

ingrédients

- 2 feuilles de chou chinois
- 5 oignons nouveaux (dont le vert)
- 1 carotte (blanchie)
- 250 kg de pâtes (au choix)
- 3 tranches de jambon (cuit)
- 1/2 concombre (pelé)

Sauce:

- 3 cuillères à soupe de sauce soja tamari
- 2 cuillères à soupe de sucre
- 5 cuillères à soupe de soupe au poulet

- 1 cuillère à café de wasabi (poudre de raifort)
- 1 cuillère à café d'huile de sésame
- 3 cuillères à soupe de vinaigre de riz

Omelette:

- 2 oeufs
- 1 cuillère à soupe d'eau
- 1 cuillère à café de fécule de maïs

préparation

2. Pour la salade de nouilles japonaises, dissoudre le sucre dans le vinaigre. Mélanger avec les autres ingrédients de la sauce.
3. Mélangez 2 œufs battus, une cuillère d'eau et 1 cuillère à café de maïs pour obtenir une omelette et faites-la frire dans une poêle avec un peu d'huile. Ensuite, coupez-la en lanières.
4. Coupez tous les autres ingrédients en petits morceaux. Mettez de côté les feuilles de carotte et de chou chinois, mélangez le reste dans un saladier.
5. Faites cuire les pâtes jusqu'à ce qu'elles soient tendres et à la dernière minute, ajoutez le chou et les carottes.

6. Filtrez et rincez brièvement à l'eau froide. Ajoutez au saladier et laissez mariner avec la sauce. Laissez la salade de nouilles japonaises s'imprégner et servez.

RECETTES DE SOUPES

71. Soupe miso aux champignons shiitake

ingrédients

- 3 champignons shiitake (séchés)
- 8 g de wakame (séché)
- 1200 ml d'eau (pour la soupe)
- 3 cuillères à soupe de pâte de miso
- 115 g de tofu (grossièrement coupé en dés)
- 1 oignon de printemps (uniquement le vert)

préparation

1. Pour la soupe miso aux champignons shiitake, plongez d'abord les champignons séchés et les algues wakame séparément dans de l'eau tiède pendant 20 minutes, puis égouttez-les. Coupez-les en fines tranches.
2. Portez l'eau à ébullition, ajoutez la pâte de miso, ajoutez les champignons et laissez mijoter 5 minutes à feu doux.
3. Répartir uniformément le tofu et les algues dans 4 tasses à soupe préchauffées, compléter avec la soupe miso aux champignons shiitake et saupoudrer d'oignons nouveaux sur la table.

72. Soupe miso végétalienne

ingrédients

- 1 litre de soupe de légumes
- 4 cuillères à café de pâte de miso (légère)
- 6 champignons shiitake
- 1/2 cuillère à soupe d'huile de sésame
- 1 cuillère à soupe de sauce soja
- 1/2 cuillère à café de poudre de gingembre
- 150 g de tofu
- 1 cuillère à soupe de wakame

préparation

1. Pour la soupe miso vegan, faites tremper les algues wakama pendant 15 minutes et égouttez-les bien. Coupez les champignons shitake en petits morceaux et mélangez-les avec la soupe de légumes, l'huile de sésame, la sauce soja et le gingembre dans une

casserole. Laissez bouillir la soupe pendant 5 minutes.
2. Coupez le wakameae et le tofu en petits morceaux et ajoutez-les à la casserole. Retirez la soupe du feu et incorporez la pâte de miso. Préparez le plat de soupe miso végétalien et servez.

73. Soupe de ramen au raifort

ingrédients

- ½ tiges d'Allium (poireau)
- 1 oignon
- 2 gousses d'ail
- 80 grammes de gingembre (frais)
- 2 cuillères à soupe d'huile
- 1 jarret de porc
- 1 kilogramme d'ailes de poulet
- sel
- 2 pièces (algues kombu; algues séchées; boutique Asie)
- 30 grammes de shiitake séché
- 1 botte d'oignons nouveaux

- 2 cuillères à soupe de graines de sésame (légères)
- 1 feuille de nori
- 6 oeufs
- 300 grammes de nouilles ramen
- 50 grammes de miso (léger)
- 2 cuillères à soupe de mirin (vin blanc japonais)
- 65 grammes de raifort
- Huile de sésame (grillée)

préparation

1. Nettoyez et lavez le poireau et coupez-le en gros morceaux. Pelez l'oignon et l'ail, coupez l'oignon en quatre. Lavez 60 g de gingembre et coupez-le en rondelles. Faites chauffer l'huile dans une poêle. Faites-y revenir le poireau, l'oignon, l'ail et le gingembre à feu vif jusqu'à ce qu'ils soient légèrement dorés.
2. Mettez les légumes sautés avec le jarret de porc et les ailes de poulet rincés dans une grande casserole et remplissez-la de 3,5 litres d'eau. Portez lentement le tout à ébullition et laissez mijoter à feu doux sans couvercle pendant environ 3 heures. Écumez

l'écume qui monte. Au bout de 2 heures, assaisonnez le bouillon de sel.

3. Versez le bouillon dans une autre casserole (environ 2,5 à 3 litres) à travers une passoire fine. Dégraissez éventuellement un peu le bouillon. Essuyez les algues kombu avec un chiffon humide. Ajoutez les champignons shiitake et les algues kombu au bouillon chaud et laissez infuser pendant 30 minutes.

4. Retirez la couenne, le gras et l'os du jarret de porc et coupez-le en morceaux de la taille d'une bouchée. N'utilisez pas les ailes de poulet pour la soupe (voir conseil).

5. Peler le reste de gingembre et le couper en fines lamelles. Nettoyer et laver les oignons nouveaux, les couper en fines rondelles et les placer dans de l'eau froide. Faire griller les graines de sésame dans une poêle sèche jusqu'à ce qu'elles soient légèrement dorées. Couper l'algue nori en quatre, la griller brièvement dans une poêle sèche et la couper en très fines lamelles. Équeuter les œufs, les faire cuire dans de l'eau bouillante pendant 6 minutes, les rincer à l'eau froide, les éplucher soigneusement. Faire cuire les

pâtes dans de l'eau bouillante pendant 3 minutes, les verser dans une passoire, les rincer brièvement à l'eau froide, puis les égoutter.

6. Retirer les champignons et les algues mixtes du bouillon. Retirer les pieds des champignons, hacher finement les chapeaux des champignons, ne plus utiliser d'algues mixtes. Faire chauffer le bouillon (ne pas faire bouillir). Incorporer la pâte de miso et le mirin, ajouter les champignons shiitake hachés. Égoutter les oignons nouveaux dans une passoire. Peler le raifort.

7. Répartissez le bouillon dans des bols. Ajoutez le jarret de porc, les nouilles, les œufs coupés en deux, les graines de sésame, le gingembre, les oignons nouveaux et l'algue nori. Servez avec beaucoup de raifort fraîchement râpé et d'huile de sésame.

74. Soupe miso au tofu et nouilles soba

ingrédients

- Soba (nouilles soba : spaghettis à base de sarrasin et de blé)
- 2 cuillères à café d'huile de sésame (grillée)
- 1 cuillère à soupe de graines de sésame
- 4 oignons nouveaux
- 2 mini concombres
- 100 grammes de feuilles d'épinards
- 200 grammes de tofu
- $1\frac{1}{4}$ litre de bouillon de légumes
- 1 morceau de gingembre (environ 20 g)

- 2 cuillères à café (algues wakame instantanées)
- 2½ cuillères à soupe de Shiro miso (pâte du marché bio ou asiatique)
- Feuilles de coriandre (pour la garniture)

préparation

1. Faites cuire les nouilles soba selon les instructions figurant sur le paquet. Versez-les dans une passoire, égouttez-les bien et mélangez-les avec l'huile de sésame. Faites griller les graines de sésame dans une poêle antiadhésive jusqu'à ce qu'elles soient dorées. Retirez-les du feu et laissez-les refroidir.
2. Nettoyez et lavez les oignons nouveaux, coupez les parties blanches et vert clair en fines rondelles. Lavez les concombres et coupez-les en bâtonnets d'environ 3 cm de long. Triez les épinards, lavez-les et secouez-les pour les sécher, en retirant les grosses tiges. Séchez le tofu et coupez-le en cubes de 2 cm.
3. Portez le bouillon à ébullition dans une casserole. Pelez le gingembre et coupez-le en rondelles, ajoutez-le au bouillon avec les

algues et laissez mijoter pendant environ 2 minutes. Mélangez la pâte de miso avec 5 cuillères à soupe d'eau jusqu'à obtenir une consistance lisse, ajoutez-la au bouillon et laissez bouillir encore 5 minutes. Ajoutez ensuite le tofu, les oignons nouveaux et le concombre à la soupe et portez à ébullition.

4. Pour servir, lavez la coriandre et séchez-la. Répartissez les nouilles soba et les épinards dans des bols ou des tasses et versez le bouillon bouillant dessus. Répartissez les graines de sésame grillées et les feuilles de coriandre sur le dessus. Servez immédiatement.

75. Soupe japonaise

- **ingrédients**
- Éventuellement 2 cuillères à soupe d'algues séchées (wakame)
- 50 g de champignons shiitake ou éventuellement de champignons
- 1 carotte (grosse)
- 1 oignon (petit)
- 100 g de poireaux
- 2,5 cuillères à café de Dashi-no-moto (poudre de soupe de poisson japonaise, A Laden ; ou bouillon de bœuf instantané)
- 3 cuillères à soupe de sauce soja légère (Usukuchi)
- 1 cuillère à café de sel

- 2 oeufs

préparation

1. Faites tremper les algues dans de l'eau froide pendant au moins 2 heures, essorez-les soigneusement et coupez-les.

2. Déchirez les champignons et coupez-les en fines tranches, épluchez les carottes, coupez-les en bâtonnets.

3. Pelez l'oignon et coupez-le en demi-rondelles, nettoyez le poireau, coupez-le en deux et d'abord en morceaux de 3 cm de long, puis en lanières.

4. Mélangez la poudre de soupe de poisson dans 1,1 litre d'eau bouillante, ajoutez la sauce soja et le sel. Faites revenir les légumes dans la soupe pendant environ 2 minutes.

5. Mélangez les œufs et versez-les lentement dans la soupe en un mince filet (à partir d'une hauteur d'environ 40 cm). Laissez reposer 1 minute et servez la soupe.

76. Soupe de nouilles aux champignons japonais

ingrédients

- 1200 ml de soupe dashi
- 1 cuillère à soupe de mirin ou de saké
- 1 cuillère à soupe de sucre brut
- 1 morceau de gingembre (frais, râpé)
- Sauce soja; selon les besoins

Incruster:

- 350 g de nouilles aux œufs chinoises très fines, par exemple des ramen
- 3 beaux oignons nouveaux
- 1 concombre fermier (petit)

- 100 g de champignons Enoki
- 100 g de très petits pleurotes
- 50 g d'épinards (feuilles)
- 150 grammes de tofu coupé en lanières ou en cubes

préparation

1. Essayez ce délicieux plat de pâtes :
2. Laissez bouillir la soupe, assaisonnez avec le sucre, le vin de riz, le gingembre et la sauce soja. Faites cuire brièvement les pâtes dans de l'eau bouillante salée jusqu'à ce qu'elles soient al dente, égouttez-les et répartissez-les uniformément dans des bols à soupe.
3. Hachez les oignons nouveaux, épluchez le concombre, coupez-le en deux, épépinez-le et coupez-le en fines lanières. Répartissez uniformément dans les bols à four avec les champignons.
4. Versez la soupe chaude dessus et servez.

77. Salade de nouilles japonaises

ingrédients

- 2 feuilles de chou chinois
- 5 oignons nouveaux (dont le vert)
- 1 carotte (blanchie)
- 250 kg de pâtes (au choix)
- 3 tranches de jambon (cuit)
- 1/2 concombre (pelé)

Sauce:

- 3 cuillères à soupe de sauce soja tamari
- 2 cuillères à soupe de sucre
- 5 cuillères à soupe de soupe au poulet
- 1 cuillère à café de wasabi (poudre de raifort)

- 1 cuillère à café d'huile de sésame
- 3 cuillères à soupe de vinaigre de riz

Omelette:

- 2 oeufs
- 1 cuillère à soupe d'eau
- 1 cuillère à café de fécule de maïs

préparation

1. Pour la salade de nouilles japonaises, dissoudre le sucre dans le vinaigre. Mélanger avec les autres ingrédients de la sauce.
2. Mélangez 2 œufs battus, une cuillère d'eau et 1 cuillère à café de maïs pour obtenir une omelette et faites-la frire dans une poêle avec un peu d'huile. Ensuite, coupez-la en lanières.
3. Coupez tous les autres ingrédients en petits morceaux. Mettez de côté les feuilles de carotte et de chou chinois, mélangez le reste dans un saladier.
4. Faites cuire les pâtes jusqu'à ce qu'elles soient tendres et à la dernière minute, ajoutez le chou et les carottes.
5. Filtrez et rincez brièvement à l'eau froide. Ajoutez au saladier et laissez mariner avec

la sauce. Laissez la salade de nouilles japonaises s'imprégner et servez.

78. Soupe aigre-douce

ingrédients

- 150 g de blanc de poulet (ou alternativement 1 boîte de thon)
- 1-2 l de soupe au poulet
- 1/2 cuillère à café de sel
- 2 cuillères à soupe de sauce soja
- 1 cuillère à soupe de vinaigre
- 1 Le ketchup
- 1 poignée de morilles
- 1 poignée de champignons shiitake
- 2 chariots
- 2 cuillères à soupe d'huile d'arachide
- 3 cuillères à soupe d'amidon

préparation

1. Pour la soupe, préparez le bouillon de poulet la veille ou dissolvez 2 cubes de soupe de poulet dans de l'eau chaude.
2. Coupez le poulet en petits dés et mélangez-le avec une marinade à base de sauce soja, de sel, de vinaigre et de ketchup. Laissez infuser pendant au moins 30 minutes.
3. Hachez les morilles et les champignons shiitake et râpez les carottes. Faites chauffer l'huile d'arachide dans un wok et saisissez-y le poulet.
4. Déglacer avec la soupe de poulet tiède et porter à ébullition. Ajouter les carottes, les morilles et les champignons shiitake et laisser mijoter.
5. Diluer la fécule dans 5 cuillères à soupe d'eau tiède et incorporer lentement à la soupe. Porter à nouveau à ébullition. Battre les œufs dans un bol et bien fouetter.
6. Ajoutez maintenant rapidement le mélange d'œufs à la soupe chaude à l'aide d'une cuillère à soupe - faites des mouvements circulaires pour que l'œuf soit bien réparti.

7. Assaisonnez au goût avec du sel, du poivre et du sucre.

79. Soupe de légumes japonaise

ingrédients

- 8 champignons (gros)
- 125 g de germes de soja
- 250 g de pousses de bambou
- 100 g d'épinards
- 3 oeufs
- 800 ml de bouillon de poulet

préparation

1. Une recette de haricots pour tous les goûts :
2. Nettoyez, rincez et égouttez les champignons. Coupez-les en petites tranches.

3. Versez les germes de soja et les pousses de bambou dans une passoire et égouttez-les bien.
4. Coupez les pousses de bambou en fines lanières.
5. Sélectionnez les épinards, rincez-les et coupez-les également en lanières.
6. Répartir les légumes uniformément dans 4 tasses à soupe allant au four.
7. Mélangez la soupe avec les œufs et versez sur les légumes.
8. Fermez les tasses avec du papier aluminium, placez-les dans la lèchefrite du four et versez de l'eau bouillante dessus.
9. Placer dans le fourneau chauffé (E : 175°C) et laisser cuire environ une demi-heure.
10. Retirer et amener à table sur place.
11. Si vous n'aimez pas les pousses de bambou, vous pouvez également utiliser des lanières de chou chinois.

80. Soupe japonaise aux algues

ingrédients

- 1000 ml de soupe aux légumes
- 80 ml de sauce soja
- 1 break ; 10x10 cm spots (algues brunes séchées)
- 20 g de flocons de bonite
- 10 champignons shiitake (frais)
- 20 g de champignons Mu-Err
- 150 g de tempeh
- 30 g de wakamé

préparation

1. Pour le bouillon de base, grattez brièvement le mélange avec un bol humide et faites-le chauffer à ébullition dans le bol de soupe de légumes froid et avec les flocons de bonite. Retirez la soupe claire du feu et versez-la dans une passoire fine. Ne continuez pas à utiliser le kombu et la bonite.
2. Ce matériau de base est également disponible sous forme de produit fini. On l'appelle alors Dashi-no-Moto et il suffit de le mélanger à l'eau.
3. Faire tremper les champignons mu-err dans de l'eau froide et couper les champignons shii-take et le tempeh en dés. Faire chauffer les champignons shii-take, les champignons mu-err, le tempeh et le wakamé dans la soupe claire et les porter à table.

RECETTES DE VIANDE

81. Rouleaux de boeuf et d'oignons

ingrédients

- 4 tranches de steak de surlonge (fines, ou rôti de bœuf ou filet de bœuf)
- 4 oignons nouveaux
- 1 cuillère à café de sucre
- 2 cuillères à café de sauce soja
- Gingembre (fraîchement haché)
- 1 cuillère à café de xérès

- Huile (pour la friture)

préparation

1. Pour les rouleaux de bœuf et d'oignons, coupez d'abord les oignons nouveaux en lanières dans le sens de la longueur. Posez la viande dessus, recouvrez de lanières d'oignons nouveaux et roulez bien serré.
2. Pour la marinade, mélangez la sauce soja, le sucre, un peu de gingembre et du xérès.
3. Mettez les rouleaux de viande et laissez mariner pendant environ 30 minutes.
4. Retirez ensuite les rouleaux de bœuf et d'oignons et faites-les frire sur le gril ou dans une poêle (avec un peu d'huile chaude) pendant environ 3 minutes jusqu'à ce qu'ils soient dorés des deux côtés.

82. Poulet glacé aux graines de sésame

ingrédient

- 1 kg de pilons de poulet
- 50 g de gingembre
- 1 gousse d'ail
- 100 ml de mirin (vin de riz doux ; alternativement du xérès)
- 100 ml de sauce soja (japonaise)
- 2 cuillères à soupe de sucre
- sel
- 2 cuillères à soupe d'huile de sésame

préparation

1. Pour le poulet au sésame, lavez les cuisses de poulet et si vous avez acheté des cuisses de poulet entières, coupez les cuisses et le bas des cuisses en deux.
2. Pelez le gingembre et râpez-le. Pelez et écrasez l'ail. Mélangez 1 cuillère à café et demie de gingembre et d'ail avec le sucre, la sauce soja, le mirin, une pincée de sel et quelques gouttes d'huile de sésame. Mettez la viande dans la marinade de manière à ce qu'elle soit bien recouverte de tous les côtés. Couvrez et laissez reposer au réfrigérateur pendant au moins 3 heures, de préférence une nuit.
3. Sortez la viande de la marinade et laissez-la bien égoutter. Faites-la revenir des deux côtés dans l'huile chaude. Videz l'huile et versez la marinade sur la viande. Laissez mijoter dans la poêle fermée à feu doux pendant 20 minutes.
4. Faites revenir la viande dans la poêle ouverte pendant encore 5 minutes, jusqu'à ce que la sauce soit sirupeuse. Servez ensuite le

poulet aux graines de sésame avec un bol de riz.

83. Rôti de porc japonais

ingrédients

- 600 g de porc (épaule ou pilon)
- sel
- Graine de carvi
- 50 g de matières grasses
- 10 grammes de farine
- 1 oignon (tranché)
- 50 g de céleri (tranché)
- 1 cuillère à soupe de moutarde
- eau

préparation

1. Pour le rôti de porc japonais, faites revenir l'oignon et le céleri dans de la graisse chaude. Frottez la viande avec des graines

de carvi et du sel, placez-la sur les légumes et faites revenir le tout.

2. Au bout d'une demi-heure, versez de l'eau dessus. Ajoutez ensuite la moutarde. Enfin, saupoudrez le jus, portez à ébullition et filtrez. Servez le rôti de porc japonais.

84. Roulades de bœuf aux jeunes carottes

ingrédients

- 500 g de bœuf (tranché très finement)
- 24 petites carottes (ou 1 1/2 carotte)
- sel
- Maïzena
- 1 cuillère à soupe de mirin
- 1 cuillère à soupe de préparation à la sauce soja
- poivre

préparation

1. Pour les rouleaux de bœuf, mélangez le mirin et la sauce soja dans un bol. Coupez les

carottes en quartiers et placez-les dans un récipient allant au micro-ondes avec de l'eau.
2. Faites cuire au micro-ondes pendant 3 à 4 minutes. Salez et poivrez le bœuf et roulez 2 carottes coupées en quartiers en 1 tranche chacune. Roulez les rouleaux finis dans la fécule de maïs.
3. Chauffer l'huile dans une poêle et y faire revenir les rouleaux. Verser la sauce dessus et laisser épaissir. Servir les rouleaux de bœuf avec du riz ou de la salade.

85. Nouilles asiatiques au bœuf

ingrédients

- 200 g de nouilles udon
- 300 g de bœuf
- 1 poireau(x)
- 1 cuillère à soupe de sauce soja
- 1 citron vert
- 1 cuillère à café de piment (moulu)
- 3 cuillères à soupe d'huile de sésame (pour la friture)
- 50 g de germes de soja

préparation

1. Pour les nouilles asiatiques au bœuf, faites cuire les nouilles selon les instructions sur l'emballage.
2. Hachez finement le poireau et coupez le bœuf en dés. Faites chauffer l'huile et faites revenir le poireau et le bœuf.
3. Ajoutez les germes de soja, le jus de citron vert, les flocons de piment et la sauce soja et faites frire pendant encore 2 minutes.
4. Mélangez les nouilles asiatiques avec le plat de bœuf et servez.

86. Wok de légumes avec de la viande

ingrédients

- 400 g de porc
- 580 g de légumes frits (igloo)
- 6 cuillères à soupe d'huile de colza
- marjolaine
- thym
- sel
- poivre

préparation

1. Pour les légumes sautés à la viande, coupez d'abord la viande de porc en dés et faites-la tremper dans un mélange d'huile de colza, de

sel, de poivre, de marjolaine et de thym. Laissez infuser au moins 3 heures, de préférence toute la nuit.
2. Mettez le porc dans un wok sans ajouter d'huile et faites-le revenir jusqu'à ce qu'il soit chaud. Ajoutez les légumes du wok et attendez que l'eau s'évapore.
3. Ensuite, faites revenir le tout ensemble. Les légumes sautés avec de la viande sont également délicieux avec du sel et du poivre et servis.

87. Poitrine de porc BBQ japonaise

ingrédients

- 400 g de poitrine de porc (tranchée finement)
- 1/4 oignon
- 1 morceau de gingembre (petit)
- 1 oignon de printemps
- 2 gousses d'ail (pressées)
- 2 piments (séchés)
- 2 cuillères à soupe de saké
- 2 cuillères à soupe de sauce soja
- 1 1/2 cuillère à soupe de miel
- 1/2 ketchup

- 1 cuillère à soupe de graines de sésame (grillées)
- poivre

préparation

1. Pour le porc au barbecue japonais, râpez l'oignon et le gingembre dans un bol.
2. Hachez l'oignon de printemps et mélangez tous les ingrédients pour obtenir une marinade. Faites tremper la poitrine de porc dans la marinade pendant 1 heure. Faites griller la poitrine de porc des deux côtés jusqu'à ce qu'elle soit croustillante.
3. Servez le ventre de porc au barbecue japonais.

88. Côtes levées japonaises

ingrédients

- 1 kg de côtes levées
- 1 tasse(s) de sauce soja
- 1 tasse(s) de mirin
- 1/2 tasse(s) de sucre
- 1/4 tasse(s) de pâte de piment coréen (Sun Kochuchang)
- 6 gousse(s) d'ail (pressées)
- 2 cuillères à soupe d'huile de sésame
- 1 cuillère à soupe de graines de sésame
- 1 oignon de printemps

préparation

1. Pour les travers de porc japonais, mélangez tous les ingrédients dans un bol. Laissez les travers de porc macérer dans la marinade toute la nuit.
2. Faire griller les aliments juteux sur le gril.

89. Nouilles soba au poulet

ingrédients

- 250 g de nouilles soba (nouilles japonaises)
- 1 cuillère à café de jus de gingembre (frais)
- 200 g de poitrine de poulet
- 140 g d'oignons nouveaux
- 2 cuillères à soupe d'huile d'arachide
- 400 ml d'Ichiban Dashi (soupe de base)
- 140 ml de sauce soja (enfer)
- 1 cuillère à soupe de mirin
- 2 cuillères à soupe d'algues nori
- 2 cuillères à soupe de Katsuo-Bushi (flocons de bonite séchés)
- 1 cuillère à soupe de sésame (grillé)

préparation

1. Pour les nouilles soba au poulet, faites d'abord cuire les nouilles dans de l'eau salée jusqu'à ce qu'elles soient al dente, puis égouttez-les et rincez-les à l'eau chaude. Égouttez-les. Utilisez-les dès que possible, sinon elles gonfleront et perdront leur force.
2. Coupez le poulet en lanières épaisses et arrosez-les de jus de gingembre. Mettez les oignons finement hachés dans l'huile chaude. Ajoutez le dashi au mirin et à la sauce soja. Incorporez les pâtes égouttées.
3. Répartissez les nouilles de manière homogène dans des bols, recouvrez-les du mélange de viande et d'oignons, saupoudrez d'algues finement hachées, de copeaux de bonite et de graines de sésame. Apportez les nouilles soba au poulet sur la table.

90. Pâtes au bœuf et légumes

ingrédients

- 10 g de champignons Mu-Err
- sel
- 250 grammes de bœuf ou de porc, Ge
- 300 g de légumes mélangés (par exemple poireaux, carottes)
- 100 g de plants de soja
- 2 cuillères à soupe d'huile d'arachide
- 1 cuillère à soupe de gingembre (haché très finement)
- 2 gousses d'ail
- 400 g de nouilles chinoises
- sel
- 250 ml de soupe au poulet

- 1 cuillère à café de fécule de maïs
- 2 cuillères à soupe de saké (ou de xérès sec)
- 2 cuillères à soupe de sauce soja
- 1 pincée de Sambal Ölek

préparation

1. Les plats de pâtes sont toujours délicieux !
2. Faire tremper les champignons dans de l'eau. Faire des pâtes dans de l'eau légèrement salée. Couper la viande en fines tranches. Nettoyer les légumes et les couper en lanières si possible. Blanchir (ébouillanter) les germes de soja dans une passoire avec de l'eau bouillante.
3. Faites chauffer 1 cuillère à soupe d'huile dans une grande poêle ou un wok. Versez la viande et faites-la revenir rapidement en la retournant constamment. Retirez-la et réservez.
4. Versez le reste d'huile dans la poêle. Faites revenir brièvement les légumes, les pousses de soja égouttées, les champignons, la racine de gingembre et l'ail pressé avec 2 pincées de sel en remuant. Retirez du faitout et ajoutez à la viande.

5. Mélanger tous les ingrédients de la sauce, verser dans la poêle ou éventuellement le wok et remuer en remuant. Assaisonner selon les besoins. Mélanger les légumes et la viande saisie avec la sauce piquante. Ne plus recommencer.
6. Disposer la viande et les légumes avec la sauce sur les pâtes égouttées.

VOLAILLE

91. Yaki Udon avec poitrine de poulet

ingrédients

- 200 g de yaki udon (nouilles de blé épaisses)
- 300 g de légumes mélangés sautés
- 200 g de filet de poitrine de poulet
- 1 cuillère à café d'huile de sésame
- 4 cuillères à soupe d'huile de tournesol
- 1/2 cuillère à café de piment à l'ail (ail mélangé à du piment haché)
- 1 morceau (2 cm) de gingembre frais

- 2 cuillères à soupe de sauce soja
- 1 cuillère à soupe de sucre
- 1 cuillère à café de graines de sésame pour la garniture

préparation

1. Pour les yaki udon, portez une grande quantité d'eau à ébullition et faites cuire les nouilles pendant environ 5 minutes. Égouttez, rincez à l'eau froide et égouttez.
2. Coupez le filet de poulet et les légumes nettoyés en lanières de la largeur d'un doigt, hachez le gingembre.
3. Chauffez un wok ou une poêle à fond épais, versez-y l'huile de sésame et de tournesol et faites chauffer. Faites-y revenir les lanières de légumes et la viande. Ajoutez le piment à l'ail, le sucre, la sauce soja et le gingembre et faites revenir pendant 3 minutes. Ajoutez les pâtes et faites-les revenir brièvement également.
4. Disposez les yaki udon dans des bols et saupoudrez de graines de sésame avant de servir.

92. Poêlée de riz au poulet et piment

ingrédients

- 8 jarrets de poulet (petits)
- 1 paquet de cuisses de poulet croustillantes Knorr Basis
- 1 cube de soupe claire Knorr
- 200 g de riz basmati Journey
- 4 tomates (petites)
- 2 cuillères à soupe de poudre de paprika
- 2 cuillères à soupe de concentré de tomates
- 1 pièce de paprika (rouge)
- Piment (pour assaisonner)

- Persil (frais)

préparation

1. Pour la poêle de riz au poulet chili, préparez les jarrets de poulet à base de KNORR selon les instructions sur l'emballage.
2. Pendant ce temps, faites cuire le riz dans une casserole sans ajouter de matière grasse. Déglacez avec trois fois plus d'eau et portez à ébullition avec la poudre de paprika, le concentré de tomates et le cube de soupe. Laissez mijoter le riz au poulet pimenté jusqu'à ce que le riz soit tendre.
3. Pendant ce temps, coupez le poivron et les tomates en gros morceaux et ajoutez-les au poulet. Mélangez le riz cuit avec les jarrets et servez avec du persil.

93. Poulet pané au babeurre épicé

ingrédients

- 500 g de poulet (pilons ou ailes de poulet)
- 150 ml de babeurre
- 4 gousses d'ail (pressées)
- 1 piment (finement haché)
- 1 cuillère à soupe de jus de citron
- sel
- poivre
- 3 cuillères à soupe de farine (en tas)

préparation

1. Pour le poulet pané au babeurre épicé, bien mélanger les ingrédients de la marinade et y faire tremper les morceaux de poulet pendant environ 1 heure. Bien agiter la farine et le poulet dans un sac refermable.
2. Faites-les cuire dans une grande quantité d'huile de tournesol chaude à 170°C pendant environ 8 minutes. Lorsqu'elles sont bien dorées, retirez-les de la graisse et laissez-les égoutter brièvement sur du papier absorbant.
3. Arrosez le poulet fini d'une panure épicée au babeurre avec du jus de citron frais avant de servir.

94. Cuisses de poulet aux tomates

ingrédients

- 4 cuisses de poulet
- 50 g de lard fumé (à mâcher)
- sel
- poivre
- 100 g de thé
- 1 oignon (haché)
- 100 g de Zeller (râpé)
- 3 morceaux de tomates
- 1 cuillère à soupe de farine (lisse)
- 1/2 bouquet de persil (haché)

préparation

1. Pour les cuisses de poulet aux tomates, lardez les cuisses de poulet avec le bacon, assaisonnez de sel et de poivre et faites-les revenir dans le THEA chaud.
2. Ajoutez l'oignon et le poivre et faites revenir brièvement. Faites cuire les tomates à la vapeur dans un peu d'eau salée, égouttez-les et ajoutez-les aux cuisses de poulet. Laissez mijoter à feu doux pendant 35 minutes, jusqu'à ce que la viande soit tendre.
3. Saupoudrez le jus de farine, portez à nouveau à ébullition et servez les cuisses de poulet accompagnées de tomates parsemées de persil.

95. Filet de poulet dans une sauce aromatique

ingrédients

- 200 g de tofu (ferme : petits cubes)
- Huile (pour la friture)
- 15 g de champignons shiitake (séchés)
- 200 ml de bouillon de légumes
- 6 cuillères à soupe de tomates (égouttées)
- 4 cuillères à soupe de sherry moyen
- 3 cuillères à soupe de sauce soja
- 1 cuillère à café de gingembre (frais, haché)
- 1 cuillère à café de miel
- Poudre de piment
- 2 cuillères à soupe d'huile
- 1 gousse(s) d'ail (finement hachée)

- 200 g de poitrine de poulet (fines lanières)
- sel
- 1 cuillère à café de fécule de maïs
- 3 cuillères à soupe d'eau (froide)
- 1 carotte (crayons fins)
- 80 g de germes de soja
- 2 oignons nouveaux (en fines rondelles)

préparation

1. Sécher le tofu et le faire revenir dans l'huile jusqu'à ce qu'il soit doré. Pour retirer l'excédent de graisse, plonger brièvement les cubes de tofu dans de l'eau chaude, les égoutter et les éponger. Rincer les champignons séchés, verser de l'eau bouillante dessus et laisser gonfler pendant 1 heure. Égoutter, égoutter et couper les champignons en fines tranches. Pour la sauce aromatique, mélanger le bouillon de légumes, la sauce tomate, le sherry moyen, la sauce soja, le gingembre, le miel et une pincée de piment. Faire chauffer 1 cuillère à soupe d'huile dans un wok ou une poêle antiadhésive. Y faire revenir l'ail et le poulet un instant en remuant et saler légèrement. Incorporer les champignons. Incorporer la

sauce aromatique et les cubes de tofu. Laisser mijoter le tout à couvert pendant 10 minutes. Mélanger la fécule de maïs avec 3 cuillères à soupe d'eau froide jusqu'à obtenir une consistance lisse, incorporer et laisser mijoter un instant jusqu'à ce que la sauce épaississe. Faire chauffer 1 cuillère à soupe d'huile dans une poêle antiadhésive ou dans un wok vers la fin de la cuisson. Y faire revenir les carottes un instant en remuant et saler légèrement. Incorporer les pousses et les oignons nouveaux et faire revenir brièvement en remuant. Mélanger les carottes, les pousses et les oignons nouveaux avec le tofu et le poulet dans une sauce aromatique.

96. Nouilles soba au poulet

ingrédients

- 250 g de nouilles soba (nouilles japonaises)
- 1 cuillère à café de jus de gingembre (frais)
- 200 g de poitrine de poulet
- 140 g d'oignons nouveaux
- 2 cuillères à soupe d'huile d'arachide
- 400 ml d'Ichiban Dashi (soupe de base)
- 140 ml de sauce soja (enfer)
- 1 cuillère à soupe de mirin
- 2 cuillères à soupe d'algues nori
- 2 cuillères à soupe de Katsuo-Bushi (flocons de bonite séchés)
- 1 cuillère à soupe de sésame (grillé)

préparation

1. Pour les nouilles soba au poulet, faites d'abord cuire les nouilles dans de l'eau salée jusqu'à ce qu'elles soient al dente, puis égouttez-les et rincez-les à l'eau chaude. Égouttez-les. Utilisez-les dès que possible, sinon elles gonfleront et perdront leur force.
2. Coupez le poulet en lanières épaisses et arrosez-les de jus de gingembre. Mettez les oignons finement hachés dans l'huile chaude. Ajoutez le dashi au mirin et à la sauce soja. Incorporez les pâtes égouttées.
3. Répartissez les nouilles de manière homogène dans des bols, recouvrez-les du mélange de viande et d'oignons, saupoudrez d'algues finement hachées, de copeaux de bonite et de graines de sésame. Apportez les nouilles soba au poulet sur la table.

97. Nouilles soba

ingrédients

- 250 g de nouilles soba (nouilles japonaises au sarrasin)
- 140 g d'oignon de printemps
- 400 ml d'Ichiban Dashi (soupe japonaise)
- 1 cuillère à café de jus de gingembre (frais)
- 200 g de poulet (poitrine)
- 2 cuillères à soupe de Katsuo-Bushi (flocons de bonite séchés)
- 1 cuillère à soupe de sésame (grillé)
- 2 cuillères à soupe d'huile d'arachide
- 1 cuillère à soupe de mirin
- 2 cuillères à soupe d'algues nori
- 140 ml de sauce soja (enfer)

préparation

1. Pour les nouilles soba, faites cuire les nouilles dans de l'eau salée jusqu'à ce qu'elles soient al dente, égouttez-les et rincez-les à l'eau chaude. Égouttez.
2. Coupez le poulet en lanières de l'épaisseur d'un doigt et arrosez-les de jus de gingembre. Faites revenir l'oignon finement haché et le poulet dans l'huile chaude.
3. Portez à ébullition le dashi avec la sauce soja et le mirin. Ajoutez les spaghettis égouttés.
4. Servir les nouilles soba parsemées de poulet, d'algues finement hachées, de sésame et de copeaux de bonite.

98. Magret de canard sauté

ingrédients

- 2 filets de magret de canard
- 3 échalotes (éventuellement plus)
- 1 racine de gingembre d'environ 5 centimètres
- 1 orange (non traitée)
- 1 oignon de printemps
- 1 piment rouge doux
- 2 cuillères à soupe d'huile de sésame
- 2 cuillères à soupe d'huile végétale
- 1 pincée de cannelle
- 75 ml de soupe au poulet

- 1 cuillère à soupe de miel
- 2 cuillères à soupe de saké (vin de riz japonais) (peut-être plus)
- 2 cuillères à soupe de sauce soja
- Poivre (fraîchement moulu)

préparation

1. Rincez et séchez les magrets de canard et coupez-les en diagonale en tranches de 1 cm d'épaisseur.
2. Pelez les échalotes et émincez-les finement. Pelez et râpez le gingembre.
3. Rincez soigneusement l'orange, pelez-la ou prélevez le zeste et pressez-en le jus. Coupez les parties blanches et vertes claires de l'oignon de printemps en rondelles très fines. Coupez le piment en deux, épépinez-le et coupez-le en fines lanières.
4. Chauffez la poêle ou, si nécessaire, le wok, ajoutez les huiles et faites bien chauffer. Faites revenir les morceaux de canard pendant trois à quatre minutes en remuant. Ajoutez les échalotes et le gingembre et faites cuire encore deux minutes.
5. Versez le jus d'orange, la cannelle, le zeste d'orange, le saké, la soupe de poulet, le miel,

la sauce soja et le piment et faites cuire à feu vif tout en continuant de remuer. Assaisonnez bien avec la sauce soja et le poivre fraîchement moulu.
6. Disposez le riz long grain dans une assiette et apportez le magret de canard parsemé de rondelles d'oignons nouveaux à table.
7. Le riz basmati s'y marie bien.

99. Salade de poitrine de poulet et d'asperges vertes

ingrédients

- 2 poitrines de poulet
- 3 cuillères à soupe de sauce soja
- 3 cuillères à soupe de saké (vin de riz) ou de xérès
- 250 ml de soupe au poulet
- 200 g d'asperges
- sel
- 2 oeufs
- 1 cuillère à soupe d'huile de sésame
- 3 cuillères à soupe d'huile d'arachide
- Feuilles de laitue

- 1 cuillère à café de miso léger (pâte de haricots)
- 0,5 cuillère à café de wasabi (poudre de raifort épicée)
- 1 cuillère à café de vinaigre de riz
- sucre

préparation

1. Frottez la viande avec une cuillère à soupe de sauce soja et de saké et laissez mariner pendant une demi-heure.
2. Verser dans une casserole avec la soupe claire bouillante et pocher doucement pendant cinq à huit minutes à basse température. Laisser refroidir dans la sauce.
3. Coupez les asperges épluchées en biais en morceaux de cinq centimètres de long. Faites-les cuire dans de l'eau salée pendant environ cinq minutes jusqu'à ce qu'elles soient croustillantes, ne faites cuire que les pointes pendant deux minutes.
4. Mélangez les œufs avec une cuillère de sauce soja, du saké et de l'huile de sésame. Dans une poêle enduite d'huile d'arachide, faites cuire à basse température des omelettes presque translucides. Empilez-les en

alternance avec des feuilles de laitue et roulez-les, coupez-les en fines lanières en diagonale.
5. Mélangez deux cuillères à soupe d'huile d'arachide, une cuillère à soupe de sauce soja, une cuillère à soupe de poudre de wasabi, du miso, du saké et quelques gouttes de soupe claire pour obtenir une vinaigrette crémeuse. Assaisonnez avec du vinaigre et du sucre.
6. Coupez le poulet en petites tranches, mélangez avec les asperges et les lanières d'omelette, servez avec la vinaigrette et servez.

100. Yakitori

ingrédients

- 8 cuillères à soupe de sauce soja japonaise
- 8 cuillères à soupe de mirin
- 2 tranches de gingembre râpées
- Brochettes à enclume
- 400 g de poulet

préparation

1. 2 tranches de gingembre, râpées, pressées
2. Le poulet est rincé, séché et coupé en petits cubes (environ 2 cm de longueur de bord). On prépare une marinade à base de sauce soja, de mirin (un vin de riz sucré) et de jus

de gingembre, dans laquelle la viande repose pendant environ une demi-heure.

CONCLUSION

Les recettes japonaises offrent une merveilleuse variété d'options végétariennes et non végétariennes, et vous devriez certainement essayer cette cuisine exquise au moins une fois dans votre vie.